90일 챌린지

90일마다 돌아오는 내 인생의 터닝포인트

90 days

challenge

90일 챌린지

90일마다 돌아오는
내 인생의 터닝포인트

코스모지나(성진아) 지음

midnight bookstore

"모든 인생은 하나의 실험이다.
실험을 많이 할수록 결과는 더 좋아진다."

_랄프 왈도 에머슨 Ralph Waldo Emerson

늘 조급했던 내가
변화한 순간

·

　나는 지금까지 유튜브에 '목표 달성법', '인생 계획법'에 관한 주제로 영상을 여러 편 올렸다. 그런데 한 구독자로부터 이런 이야기를 들었다. '계획을 세우고 나서 지키지 못해 실망하느니, 아예 인생의 목표나 계획 자체를 세우지 않는 것이 스스로에게 덜 실망하는 방법인 듯하다'고. 분명 그분은 수십 번 같은 목표를 세우고 또 수십 번 그걸 지키지 못한 자신에게 실망감을 느껴봤을 것이다.

　나는 원하는 삶을 그리는 것을 좋아한다. 그리고 목표에 다가가기 위해 최선을 다하는 과정을 즐긴다. 아마 나뿐만 아니라 많은 사람들이 현재보다 좀 더 나은 삶을 만들기 위해 여러모로 노력할 것이다. 하지만 아무리 굳은 결심을 해도 이상

사진1. 코스모지나의 유튜브 영상 중 〈드림노트(비전보드) 만들기〉

과 현실의 간극을 좁히기란 쉽지 않다.

이번 다이어리북을 집필하며 실수투성이였던 나의 20대를 다시 한 번 돌아봤다. 지금도 100퍼센트 이상적인 삶을 사는 것은 아니고 여전히 실수도 많이 하지만 분명 달라진 점이 있었다. 예전에는 늘 무엇이든 빨리 이루어지기만을 바랐다. 마음만 앞서 너무 많은 것들을 한꺼번에 계획하기 일쑤였지만 의지가 의욕을 따라잡지 못했다. 그런 스스로에게 실망한 채 일상을 바삐 살다 보니 내가 원했던 것들을 어느새 잊어버렸다.

그러다 어느 날 문득 이런 생각이 들었다. 당장 모든 것을 해내겠다는 과도한 욕심을 내려놓고, 그냥 매일 30분씩 5년 전, 아니 3년 전부터 작은 노력을 계속했다면 지금의 나는 과거의 내가 꿈꿔온 모습이 되지 않았을까? 이런 깨달음을 얻은 뒤부터 조급해하지 않고 조금씩 나아가기로 마음먹었다.

이처럼 우리가 바라는 모든 일들은 대개 시간과 노력을 필요로 한다. 그리고 나는 의욕이 아닌 의지가, 머리가 아닌 몸이 앞서면 인생에 많은 변화들이 생긴다는 사실을 체감했다. 또 이 교훈을 활용해 '실패하지 않는 계획을 세우는 방법'을 끊임없이 생각해왔다. 이 다이어리북은 이런 고민의 결실로 탄생했다.

결론적으로 이 다이어리를 사용하는 독자들에 대한 나의 소망은 이렇다. 하나는 당신이 스스로 계획했던 목표를 이루는 기쁨을 누리고 성장하는 것. 다른 하나는 변화를 통해 자신을 믿고 앞으로 더 나은 삶을 살아가는 것. 한 가지 더 덧붙이자면, 당신의 변화를 통해 주변 사람들도 함께 변화할 수 있도록 선한 영향력을 행사했으면 한다. 그렇게만 된다면 세상이 얼마나 아름다워지겠는가!

마지막으로, 혼자 90일 챌린지를 지속하기 힘들다면 내가 운영하는 카페나 블로그, 유튜브 채널을 방문해 자극을 받았으면 좋겠다. 나와 함께 도전을 계속하고 있는 많은 챌린저들이 큰 힘이 돼줄 것이다.

유튜브: https://www.youtube.com/jinaseong

블로그: https://blog.naver.com/muse_elle

카페: https://cafe.naver.com/cosmojina

이 다이어리를 통해 다시 태어난 당신을 응원하며.

Contents

QUARTER 2

QUARTER 3

QUARTER 4

QUARTER 0

왜
'90일'일까?

먼저 이 이야기를 나눠보고 싶다. 우리의 새해 목표가 실패로 끝나는 이유에 대해.

새해에 누구나 한 번쯤 계획을 세워봤을 법한 목표로 무엇이 있을까? 다이어트와 운동, 영어 공부, 책 읽기, 자기계발, 돈 모으기 그리고 재테크 정도가 있지 않을까? 이런 목표를 달성하려는 계획이 실패하는 이유가 단순히 의지력이 부족하기 때문만은 아니다. 같은 목표를 가지고 친구들과 동고동락하는 고 3 수험생 같은 상황이 아닌 이상, 혼자 계획한 일을 1년간 한결같이 유지할 수 있는 사람이 얼마나 될까?

우리의 새해 다짐이 수포로 돌아가는 이유는 목표를 달성하고자 하는 전략 자체가 잘못됐기 때문이다. 그러니 이제부터 1년을 쪼개서 생각해보자. 3개월씩 4등분, 즉 분기별로 말이다.

여기서 3개월, 즉 90일이란 시간을 잡은 이유가 있다. 바로 어떤 일이든 3개월 동안 잊지 않고 매일같이 실천하면 그 행동이 습관으로 자리 잡을 뿐만 아니라 반드시 비포before와 애프터after의 결과가 나온다는 점이다. 변화를 체감하기에 1개월은 조금 부족할지 몰라도 3개월은 다르다. 이전과는 달라진 자신의 모습이 눈으로 보인다.

이 다이어리는
어떻게 사용하면 좋을까?

이쯤 되면 자신이 90일 만에 정말 변화할 수 있을지 궁금할 것이다. 그래서 나는 책을 집필하기 전 온라인 커뮤니티에서 회원들을 대상으로 90일 챌린지를 직접 진행했다. 예상했던 대로 절반 이상은 90일이란 시간을 견디지 못하고 언젠가부터 인증글을 남기지 않았다. 하지만 끝까지 완주한 사람들도 20~30퍼센트 있었다. 이들은 90일 뒤 분명한 변화를 느꼈다고 증언했다(이들의 후기도 책에 함께 담겨 있다).

90일 챌린지에서 스스로 세운 목표를 달성한 사람들의 공통점은 기록에 있었다. 즉, 목표를 매일 상기하고 꾸준히 변화를 적었다. 그렇게 매일 달라지는 자신의 모습을 직접 체감하며 도전을 지속할 동기를 얻었다.

따라서 이 책을 읽는 당신도 90일 챌린지를 성공하기 위해 나와 해야 할 약속이 세 가지 있다.

**첫 번째 약속, 아침 5분 저녁 5분, 하루 두 번
다이어리를 확인한다.
두 번째 약속, 매일 다이어리를 작성한다.
세 번째 약속, 90일 동안은 한 가지 목표에 집중한다.**

이 다이어리는 총 세 파트로 나뉘어 있다. 연간 계획(YEARLY DIARY), 분기별 목표(QUARTER의 목표), 일일 계획(DAILY DIARY)이 그것이다. 1년의 큰 목표를 먼저 세우고 그 목표를 세분화해 분기별 계획을 세운다. 그리고 분기별 계획을 구체화해 일일 계획을 작성하고 점검한다. 이 책의 안내에 따라 일일 계획을 작성하면 90일째 되는 마지막 날에 비포와 애프터를 한눈에 비교할 수 있다. 더 자세한 사용법은 직접 나의 예를 들어 설명하겠다.

2021		
분기	1분기	2분기
목표	현재 채널들을 미래 교육 사업으로 확장시킨다. 강의 준비 및 촬영 1차 테스트	1분기 반응에 따라 A. 강의 준비 B. 멤버 영입
수행 과제	- 웹사이트 제작(테스트 ver) - 영상 제작 및 피드백 받기	- 웹사이트 추가 & 업그레이드 - 강의 제작

올해의 큰 목표를 작성하고
그 목표를 달성할 방법을
분기 단위로 쪼갠다.

분기별 목표를 달성하기 위해
해야 할 과제들을 대략 작성한다.

참고 사항

- 1분기 외의 목표가 바로 떠오르지 않는다면 나중에 기입해도 좋다. 목표를 세우느라 스트레스 받지 말고, 첫 3개월 동안 꼭 이루고 싶은 목표를 우선 적은 뒤 한 해를 보내며 다음 목표가 자연스럽게 떠오를 때마다 적자.

	3분기	4분기
	강의 주제의 확장	책 해외 출간 A. 다이어리북 B. 신간 에세이
	테스트 ▶ 검증 ▶ 새 플랜 ▶ 볼륨 키우기	책 출판과 관련된 전반의 일 처리하기

- 앞선 분기의 결과에 따라 다음 목표와 과제가 수정될 수도 있고, 인생의 우선순위가 바뀌어 전체적인 계획이 변동될 수도 있다. 1년의 목표 달성 방안을 계획할 때는 가볍게 마음을 가지자.

QUARTER 1의 목표 예시

목표		강의 준비 및 촬영 / 1차 테스트	

해당 분기에 달성하고 싶은 목표를 적는다.

구체화	목표를 이뤄야 하는 **이유**	2030년, 10년 뒤 미래에 꼭 필요한 핵심 기술을 다루는 강의를 제작하고 싶다.
	목표를 이루기 위한 **수단**	- 관련 분야 공부(온라인 강의 / 책 / 주요 인물들 미팅) - 플랫폼을 만드는 기본적인 기술 공부
	목표 달성 기간의 **세분화**	1월 : 한 가지 주제의 강의 오픈 - 미래 준비, 습관 형성, 자기계발 관련 2월 : 세 가지로 강의 확장 & 홈페이지 구축 - 비즈니스 제반 준비(온라인 시스템 구축) 3월 : 오프라인 활동 및 이벤트 강의
	목표를 수치화하는 **목표치**	강의 및 웹사이트 오픈 여부로 판단

Before	**After**
특별한 성과를 내지는 못했다. 그저 관련 분야의 책과 영상을 보며 지식을 쌓고 있다.	지금 기대하는 모습 - 나의 온라인 강의 플랫폼을 갖는다. - 1차 테스트를 통해서 새로운 강의 준비

현재 상상하는 90일 뒤 나의 모습을 위 칸에 적고, 90일 뒤 실제 나의 모습을 아래 칸에 적는다.

현재 나의 모습을 적거나 그림이나 사진으로 표현한다.

90일 뒤의 나의 모습
실무자를 만나 웹사이트 오픈 계획을 구체화 했다.

목표를 구체적인 수치로 만들고 목표를 달성해야 하는 이유, 그 목표를 이루기 위해 필요한 것, 목표를 달성하기 위해 무엇을 할지 적는다.

DAILY DIARY 1일 차 예시

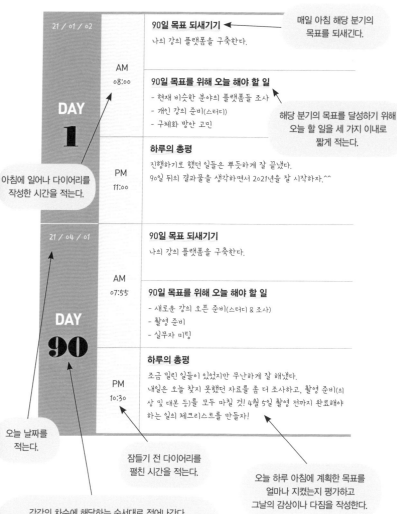

21 / 01 / 02

DAY 1

아침에 일어나 다이어리를 작성한 시간을 적는다.

AM
08:00

90일 목표 되새기기 ◀── 매일 아침 해당 분기의 목표를 되새긴다.

나의 강의 플랫폼을 구축한다.

90일 목표를 위해 오늘 해야 할 일
- 현재 비슷한 분야의 플랫폼들 조사
- 개인 강의 준비(스터디)
- 구체화 방안 고민

해당 분기의 목표를 달성하기 위해 오늘 할 일을 세 가지 이내로 짧게 적는다.

PM
11:00

하루의 총평

진행하기로 했던 일들은 뿌듯하게 잘 끝냈다.
90일 뒤의 결과물을 생각하면서 2021년을 잘 시작하자.^^

---

21 / 04 / 01

DAY 90

오늘 날짜를 적는다.

AM
07:55

90일 목표 되새기기

나의 강의 플랫폼을 구축한다.

90일 목표를 위해 오늘 해야 할 일
- 새로운 강의 오픈 준비(스터디 & 조사)
- 촬영 준비
- 실무자 미팅

PM
10:30

하루의 총평

조금 밀린 일들이 있었지만 무난하게 잘 해냈다.
내일은 오늘 찾지 못했던 자료를 좀 더 조사하고, 촬영 준비(의상 및 대본 등)를 모두 마칠 것! 4월 5일 촬영 전까지 완료해야 하는 일의 체크리스트를 만들자!

잠들기 전 다이어리를 펼친 시간을 적는다.

오늘 하루 아침에 계획한 목표를 얼마나 지켰는지 평가하고 그날의 감상이나 다짐을 작성한다.

각각의 차수에 해당하는 순서대로 적어나간다.
45일 차부터는 거꾸로 다시 돌아와 마지막 90일 차가 되면
자동으로 1일 차에 내가 무엇을 적었는지 확인할 수 있다.
얼마나 내가 변화했는지 비교해보자.

23

YEARLY DIARY

분기	1분기	2분기
목표		
수행 과제		

	3분기	4분기

QUARTER 1

가장 빨리
결과를 내는 방법

> "인생은 도로나 마찬가지다.
> 지름길은 대개 가장 나쁜 길이다."
>
> _프랜시스 베이컨Francis Bacon

　나는 거의 매일 무언가를 기록하는 편이다. 여기서 내가 '일기를 쓴다'가 아닌 '기록한다'고 표현한 이유는 사람들이 생각하는 전형적인 기록물의 모습이 아니기 때문이다. 어릴 적 숙제로 쓰던 '몇 월 며칠 무슨 요일, 나는 어떤 일을 했고 어떤 것을 느꼈다' 같은 내용 말이다. 나의 기록은 다르다. 시작도 끝도 명확하지 않다. 그저 쓰고 싶은 대로, 글로 표현할 때도 있고 표로 만들 때도 있고 그림으로 그릴 때도 있다. 누가 보면 낙서 수준에 가까운 것들이다.

　이런 기록을 계속 쌓다 보면 좋은 점이 한 가지 있다. 5년 뒤, 10년 뒤쯤 꺼내 봤을 때 당시 나의 고민, 중요하다고 여겼

사진2. 내가 지금까지 써온 실제 기록

던 일, 결론적으로 했던 선택이 지금 내 인생에 어떤 영향을
미치게 됐는지 알 수 있다는 것이다.

'인생은 B와 D 사이의 C다'라는 말을 들어봤는가? 이 문장
을 풀어서 쓰면 이렇다.

인생은 탄생과 죽음 사이의 무수한 선택이다.

Life is Choice between Birth and Death.

실존주의 철학자 장 폴 사르트르Jean Paul Sartre가 남긴 말이다. 이 말의 핵심은 결국 '인생은 무엇을 선택하느냐에 달려 있다'일 것이다.

나 역시 살면서 여러 번 중요한 선택지와 마주한 경험이 있다. 그리고 그때 그 선택이 최선이든 아니든, 그 결정들이 지금의 나를 만든 것은 분명하다. 크고 중요한 선택뿐만 아니라 무엇을 먹을지와 같은 사소한 일조차 오랜 시간 지속되면 미래의 내 모습을 바꾼다.

최근 과거에 썼던 다이어리를 들여다보면서 유독 많은 실수를 했다고 느끼는 구간이 있었는데, 바로 20대 중후반이었다. 당시 나의 선택 능력은 미숙했다. 지금에서야 부끄럽게도 그 이유를 되짚어보자면, 정도正道가 아닌 지름길로 가고 싶었던 마음 때문이다. 주변에 비해 너무 많이 뒤처져 있다는 생각이 잘못된 선택을 하도록 만들었다.

그때의 선택들을 '잘못된 선택'이라 표현한 이유는 그것들이 지금의 나로 성장하는 데 거의 도움을 주지 못했기 때문이다. 조금 더 앞서 가려고 선택했던 일들은 결국 도중에 무산이 되거나 좋은 결과를 얻지 못하고 끝나버렸다. 이런 잘못된 선택을 인생에서 추려내보니 이런 결론에 다다랐다. '인생에

지름길은 없다.'

지름길을 선택하는 일은 무작정 굶는 다이어트를 하는 것과 비슷하다(이런 다이어트를 하면 살은 빨리 빠지지만 반드시 요요가 온다). 나 역시 유튜브를 시작하고 어떻게 영상을 만들고 채널을 운영하고 구독자들과 소통해야 하는지 3년을 직접 시도해보고 나서야 10만 유튜버가 됐다. 몇 개월을 꼬박 바쳐 원고를 쓰고 나서야 책을 출간했다(20년 가까이 생각을 글로 풀어낸 연습의 시간들이 있었기에 가능했던 일일 수도 있다). 그렇게 조바심을 내며 선택했던 일들은 삶에서 희미해졌고 시간과 노력을 들인 일만이 내 것으로 남았다.

지름길은 없다. 그리고 이 진리를 빨리 깨달으면 깨달을수록 인생에 더 빨리 유의미한 결과를 만들 수 있다. 때로 정도는 지름길보다 빠르다.

QUARTER 1의 목표

목표		
구체화	목표를 이뤄야 하는 **이유**	
	목표를 이루기 위한 **수단**	
	목표 달성 기간의 **세분화**	
	목표를 수치화하는 **목표치**	

Before	After
	지금 기대하는 모습
	90일 뒤의 나의 모습

DAY 1	AM :	90일 목표 되새기기
		90일 목표를 위해 오늘 해야 할 일
	PM :	하루의 총평

DAY 90	AM :	90일 목표 되새기기
		90일 목표를 위해 오늘 해야 할 일
	PM :	하루의 총평

		90일 목표 되새기기
/ /		
	AM :	90일 목표를 위해 오늘 해야 할 일
DAY 2		
	PM :	하루의 총평
		90일 목표 되새기기
/ /		
	AM :	90일 목표를 위해 오늘 해야 할 일
DAY 89		
	PM :	하루의 총평

DAY 3

/ /

AM
:

90일 목표 되새기기

90일 목표를 위해 오늘 해야 할 일

PM
:

하루의 총평

DAY 88

/ /

AM
:

90일 목표 되새기기

90일 목표를 위해 오늘 해야 할 일

PM
:

하루의 총평

/ /		**90일 목표 되새기기**
	AM :	**90일 목표를 위해 오늘 해야 할 일**
DAY **4**		
	PM :	**하루의 총평**
/ /		**90일 목표 되새기기**
	AM :	**90일 목표를 위해 오늘 해야 할 일**
DAY **87**		
	PM :	**하루의 총평**

/ /		**90일 목표 되새기기**
	AM :	**90일 목표를 위해 오늘 해야 할 일**
DAY 5		
	PM :	**하루의 총평**
/ /		**90일 목표 되새기기**
	AM :	**90일 목표를 위해 오늘 해야 할 일**
DAY 86		
	PM :	**하루의 총평**

/ /	AM :	**90일 목표 되새기기**
		90일 목표를 위해 오늘 해야 할 일
DAY **6**		
	PM :	**하루의 총평**
/ /	AM :	**90일 목표 되새기기**
		90일 목표를 위해 오늘 해야 할 일
DAY **85**		
	PM :	**하루의 총평**

/ /		90일 목표 되새기기
DAY **7**	AM :	90일 목표를 위해 오늘 해야 할 일
	PM :	하루의 총평
/ /		90일 목표 되새기기
DAY **84**	AM :	90일 목표를 위해 오늘 해야 할 일
	PM :	하루의 총평

DAY 8

/   /

AM
:

90일 목표 되새기기

90일 목표를 위해 오늘 해야 할 일

PM
:

하루의 총평

DAY 83

/   /

AM
:

90일 목표 되새기기

90일 목표를 위해 오늘 해야 할 일

PM
:

하루의 총평

DAY 9

/ /

AM :

90일 목표 되새기기

90일 목표를 위해 오늘 해야 할 일

PM :

하루의 총평

DAY 82

/ /

AM :

90일 목표 되새기기

90일 목표를 위해 오늘 해야 할 일

PM :

하루의 총평

DAY 10

AM :

90일 목표 되새기기

90일 목표를 위해 오늘 해야 할 일

PM :

하루의 총평

DAY 81

AM :

90일 목표 되새기기

90일 목표를 위해 오늘 해야 할 일

PM :

하루의 총평

DAY **11**	AM :	**90일 목표 되새기기**
		90일 목표를 위해 오늘 해야 할 일
	PM :	**하루의 총평**
DAY **80**	AM :	**90일 목표 되새기기**
		90일 목표를 위해 오늘 해야 할 일
	PM :	**하루의 총평**

/ /		90일 목표 되새기기
DAY **12**	AM :	90일 목표를 위해 오늘 해야 할 일
	PM :	하루의 총평
/ /		90일 목표 되새기기
DAY **79**	AM :	90일 목표를 위해 오늘 해야 할 일
	PM :	하루의 총평

/ /		**90일 목표 되새기기**
	AM :	**90일 목표를 위해 오늘 해야 할 일**
DAY 13		
	PM :	**하루의 총평**
/ /		**90일 목표 되새기기**
	AM :	**90일 목표를 위해 오늘 해야 할 일**
DAY 78		
	PM :	**하루의 총평**

DAY
14

AM
:

90일 목표 되새기기

90일 목표를 위해 오늘 해야 할 일

PM
:

하루의 총평

DAY
77

AM
:

90일 목표 되새기기

90일 목표를 위해 오늘 해야 할 일

PM
:

하루의 총평

DAY 15		
/ /	AM :	**90일 목표 되새기기**
		90일 목표를 위해 오늘 해야 할 일
	PM :	**하루의 총평**
DAY 76		
/ /	AM :	**90일 목표 되새기기**
		90일 목표를 위해 오늘 해야 할 일
	PM :	**하루의 총평**

DAY 16

/ /

AM
:

90일 목표 되새기기

90일 목표를 위해 오늘 해야 할 일

PM
:

하루의 총평

DAY 75

/ /

AM
:

90일 목표 되새기기

90일 목표를 위해 오늘 해야 할 일

PM
:

하루의 총평

DAY 17

/ /

90일 목표 되새기기

AM
:

90일 목표를 위해 오늘 해야 할 일

PM
:

하루의 총평

DAY 74

/ /

90일 목표 되새기기

AM
:

90일 목표를 위해 오늘 해야 할 일

PM
:

하루의 총평

DAY 18

/ /

AM :

90일 목표 되새기기

90일 목표를 위해 오늘 해야 할 일

PM :

하루의 총평

DAY 73

/ /

AM :

90일 목표 되새기기

90일 목표를 위해 오늘 해야 할 일

PM :

하루의 총평

/ /

DAY
19

AM
:

90일 목표 되새기기

90일 목표를 위해 오늘 해야 할 일

PM
:

하루의 총평

/ /

DAY
72

AM
:

90일 목표 되새기기

90일 목표를 위해 오늘 해야 할 일

PM
:

하루의 총평

/ /	AM :	**90일 목표 되새기기**
DAY **20**		**90일 목표를 위해 오늘 해야 할 일**
	PM :	**하루의 총평**
/ /	AM :	**90일 목표 되새기기**
DAY **71**		**90일 목표를 위해 오늘 해야 할 일**
	PM :	**하루의 총평**

DAY
21

AM
:

90일 목표 되새기기

90일 목표를 위해 오늘 해야 할 일

PM
:

하루의 총평

DAY
70

AM
:

90일 목표 되새기기

90일 목표를 위해 오늘 해야 할 일

PM
:

하루의 총평

DAY 22

/ /

AM
:

90일 목표 되새기기

90일 목표를 위해 오늘 해야 할 일

PM
:

하루의 총평

DAY 69

/ /

AM
:

90일 목표 되새기기

90일 목표를 위해 오늘 해야 할 일

PM
:

하루의 총평

/ /		**90일 목표 되새기기**
	AM :	**90일 목표를 위해 오늘 해야 할 일**
DAY **23**		
	PM :	**하루의 총평**
/ /		**90일 목표 되새기기**
	AM :	**90일 목표를 위해 오늘 해야 할 일**
DAY **68**		
	PM :	**하루의 총평**

DAY		
/ /		**90일 목표 되새기기**
	AM :	**90일 목표를 위해 오늘 해야 할 일**
DAY **24**		
	PM :	**하루의 총평**
/ /		**90일 목표 되새기기**
	AM :	**90일 목표를 위해 오늘 해야 할 일**
DAY **67**		
	PM :	**하루의 총평**

DAY 25

/ /

AM
:

90일 목표 되새기기

90일 목표를 위해 오늘 해야 할 일

PM
:

하루의 총평

DAY 66

/ /

AM
:

90일 목표 되새기기

90일 목표를 위해 오늘 해야 할 일

PM
:

하루의 총평

/ /		**90일 목표 되새기기**
	AM :	**90일 목표를 위해 오늘 해야 할 일**
DAY **26**		
	PM :	**하루의 총평**
/ /		**90일 목표 되새기기**
	AM :	**90일 목표를 위해 오늘 해야 할 일**
DAY **65**		
	PM :	**하루의 총평**

		90일 목표 되새기기
/ /	AM :	
		90일 목표를 위해 오늘 해야 할 일
DAY **27**		
	PM :	하루의 총평
/ /	AM :	90일 목표 되새기기
		90일 목표를 위해 오늘 해야 할 일
DAY **64**		
	PM :	하루의 총평

DAY 28		
/ /	AM :	**90일 목표 되새기기**
		90일 목표를 위해 오늘 해야 할 일
	PM :	**하루의 총평**

DAY 63		
/ /	AM :	**90일 목표 되새기기**
		90일 목표를 위해 오늘 해야 할 일
	PM :	**하루의 총평**

DAY 29

/ /

AM :

90일 목표 되새기기

90일 목표를 위해 오늘 해야 할 일

PM :

하루의 총평

DAY 62

/ /

AM :

90일 목표 되새기기

90일 목표를 위해 오늘 해야 할 일

PM :

하루의 총평

DAY 30

/ /

AM
:

90일 목표 되새기기

90일 목표를 위해 오늘 해야 할 일

PM
:

하루의 총평

DAY 61

/ /

AM
:

90일 목표 되새기기

90일 목표를 위해 오늘 해야 할 일

PM
:

하루의 총평

		90일 목표 되새기기
/ /		
	AM :	90일 목표를 위해 오늘 해야 할 일
DAY 31		
	PM :	하루의 총평
/ /		90일 목표 되새기기
	AM :	90일 목표를 위해 오늘 해야 할 일
DAY 60		
	PM :	하루의 총평

/ /		**90일 목표 되새기기**
	AM :	**90일 목표를 위해 오늘 해야 할 일**
DAY **32**		
	PM :	**하루의 총평**
/ /		**90일 목표 되새기기**
	AM :	**90일 목표를 위해 오늘 해야 할 일**
DAY **59**		
	PM :	**하루의 총평**

		90일 목표 되새기기
/ /		
	AM :	90일 목표를 위해 오늘 해야 할 일
DAY **33**		
	PM :	하루의 총평
/ /		90일 목표 되새기기
	AM :	90일 목표를 위해 오늘 해야 할 일
DAY **58**		
	PM :	하루의 총평

DAY 34

/   /

AM
:

90일 목표 되새기기

90일 목표를 위해 오늘 해야 할 일

PM
:

하루의 총평

DAY 57

/   /

AM
:

90일 목표 되새기기

90일 목표를 위해 오늘 해야 할 일

PM
:

하루의 총평

/ /

DAY
35

AM
:

90일 목표 되새기기

90일 목표를 위해 오늘 해야 할 일

PM
:

하루의 총평

/ /

DAY
56

AM
:

90일 목표 되새기기

90일 목표를 위해 오늘 해야 할 일

PM
:

하루의 총평

DAY 36

/ /

90일 목표 되새기기

AM
:

90일 목표를 위해 오늘 해야 할 일

PM
:

하루의 총평

DAY 55

/ /

90일 목표 되새기기

AM
:

90일 목표를 위해 오늘 해야 할 일

PM
:

하루의 총평

DAY
37

/   /

AM
:

90일 목표 되새기기

90일 목표를 위해 오늘 해야 할 일

PM
:

하루의 총평

DAY
54

/   /

AM
:

90일 목표 되새기기

90일 목표를 위해 오늘 해야 할 일

PM
:

하루의 총평

/ /	AM :	**90일 목표 되새기기**
		90일 목표를 위해 오늘 해야 할 일
DAY 38		
	PM :	**하루의 총평**
/ /	AM :	**90일 목표 되새기기**
		90일 목표를 위해 오늘 해야 할 일
DAY 53		
	PM :	**하루의 총평**

DAY 39

/ /

AM
:

90일 목표 되새기기

90일 목표를 위해 오늘 해야 할 일

PM
:

하루의 총평

DAY 52

/ /

AM
:

90일 목표 되새기기

90일 목표를 위해 오늘 해야 할 일

PM
:

하루의 총평

DAY **40** / /	AM :	**90일 목표 되새기기**
		90일 목표를 위해 오늘 해야 할 일
	PM :	**하루의 총평**
DAY **51** / /	AM :	**90일 목표 되새기기**
		90일 목표를 위해 오늘 해야 할 일
	PM :	**하루의 총평**

/ /		90일 목표 되새기기
	AM :	90일 목표를 위해 오늘 해야 할 일
DAY **41**		
	PM :	하루의 총평
/ /		90일 목표 되새기기
	AM :	90일 목표를 위해 오늘 해야 할 일
DAY **50**		
	PM :	하루의 총평

DAY 42

AM :

90일 목표 되새기기

90일 목표를 위해 오늘 해야 할 일

PM :

하루의 총평

DAY 49

AM :

90일 목표 되새기기

90일 목표를 위해 오늘 해야 할 일

PM :

하루의 총평

DAY **43**	/ /		
	AM :	**90일 목표 되새기기**	
		90일 목표를 위해 오늘 해야 할 일	
	PM :	**하루의 총평**	

DAY **48**	/ /		
	AM :	**90일 목표 되새기기**	
		90일 목표를 위해 오늘 해야 할 일	
	PM :	**하루의 총평**	

DAY 44

/ /

90일 목표 되새기기

AM
:

90일 목표를 위해 오늘 해야 할 일

PM
:

하루의 총평

DAY 47

/ /

90일 목표 되새기기

AM
:

90일 목표를 위해 오늘 해야 할 일

PM
:

하루의 총평

DAY 45

/ /

AM
:

90일 목표 되새기기

90일 목표를 위해 오늘 해야 할 일

PM
:

하루의 총평

DAY 46

/ /

AM
:

90일 목표 되새기기

90일 목표를 위해 오늘 해야 할 일

PM
:

하루의 총평

이제 곧 마흔,
영어 공부에 도전한 호텔 셰프

Q 자기소개

안녕하세요, 저는 김필재라고 합니다. 현재 호텔 셰프를 그만두고 N잡러가 되기 위해서 영어 공부를 하고 있습니다.

Q 90일 챌린지에 참여한 사연

곧 마흔 살이지만, 항상 고정된 공간에서만 일하는 셰프가 아닌 새로운 라이프스타일과 직업을 가지고 싶다는 생각이 들어 영어를 공부하기로 했습니다. 영어 공부는 제 자신과의 오래된 약속이기도 합니다. 학창 시절부터 20대까지 영어를 포기했지만 이제라도 다시 공부해서 테솔 자격증을 취득하고 한국 음식을 외국에 소개하고 싶었습니다.

90일 챌린지에 참여하고 느끼는 가장 큰 변화

일단 무언가를 꾸준히 한다는 것이 얼마나 힘든 일인지 깨달았습니다. 영어를 잘하기 위해서는 매일 듣고 쓰고 외우고 말해야 하죠. 생각보다 이게 쉽지 않더라고요. 하지만 계속 한 가지 목표를 달성하기 위해 노력하다 보니 계획을 지속하는 방법을 자연스럽게 배웠습니다. 예를 들어 다이어트를 한다고 치면 매일 운동장을 나가고 홈 트레이닝을 해야 하는 것처럼 꾸준하게 한 가지 일을 계속하기 위해 노력하는 법을 알게 됐습니다.

앞으로의 목표

영어뿐만 아니라 다른 외국어도 공부해서 셰프 유튜버가 되고 싶습니다. 조리법이 잘 알려지지 않은 음식을 요리하는 방법이나 레스토랑을 경영하는 방법, 세계의 음식 정보를 알려주는 사이버 셰프가 되고 싶습니다.

목표	영어 공부	
구체화	목표를 이뤄야 하는 **이유**	영어로 전 세계에 한국 음식을 소개하는 셰프 유튜버가 되고 싶다.
	목표를 이루기 위한 **수단**	테솔 자격증을 취득한다(영어로 160시간 동안 수업을 듣고 수업 내용을 이해한 뒤 모듈 테스팅 10개와 중간고사, 기말고사, 최종 과 제물을 통과한다).
	목표 달성 기간의 **세분화**	- 1개월: 모든 과정을 수강한다. - 2~3개월: 다른 사람들의 공부 방법을 알아본 뒤 퀴즈와 중 간고사, 기말고사를 본다.
	목표를 수치화하는 **목표치**	테솔 온라인 사이트에서 수업 진도율을 매일 체크한다.

Before	**After**
90일은 너무 길다. 하지만 꾸준히 노력해 영어 테솔 자격증을 취득하고 토익 점수를 올리고 영어 회화를 공부해 이를 인증하는 유튜브 영상을 만들 것이다.	**지금 기대하는 모습** 영어의 기본을 이해하고 간단한 회화나 원하는 문장을 작성할 수 있는 능력이 있다.

90일 뒤의 나의 모습
테솔 자격증을 취득했다.

		90일 목표 되새기기
20 / 07 / 27		영어 공부
	AM 7:00	**90일 목표를 위해 오늘 해야 할 일** - 모듈 1의 강의 3개 듣기 - 목표를 이루기 위해 시간을 내기 - 어떻게 공부할지 전체적인 계획하기
DAY **1**	**PM** 10:30	**하루의 총평** 오늘 한 일 - 계획 실천하기, 카페에 기록하기 - 강의 교재 프린트하기 - 수업 듣기
20 / 10 / 19		**90일 목표 되새기기** 영어 공부
	AM 7:04	**90일 목표를 위해 오늘 해야 할 일** - 그동안 부족했던 부분 파악하기 - 모듈 10의 강의 3개 듣기 - 영화 〈인턴〉 보면서 영어 스크립트 5페이지 정리 및 섀도잉
DAY **90**	**PM** 11:00	**하루의 총평** 오늘 한 일 - 영어 공부를 위해 다시 시간 내기 - 다른 일과 영어 공부를 어떻게 병행할지 계획하기 - 실천하고 기록하기

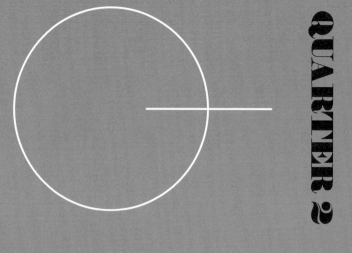

QUARTER 2

나이를 탓하는 게
무의미한 이유

"늙어서 꼭 해야 할 일은
후회를 남기지 않는 것입니다."
_양재오, 《지금도, 바람이 분다》

열다섯 살에 있었던 일이다. 한 가수를 굉장히 좋아했던 나는 난생처음 모 엔터테인먼트에 가서 오디션을 봤다. 당시 어린 나이에 데뷔한 그 가수를 보면서, '지금 이런 도전을 하기에는 늦은 나이가 아닌가'라고 생각했다. 고작 열다섯인데 말이다.

스물세 살에 있었던 일이다. 대학교 4학년을 앞두고 교환학생을 가는 것과 취업을 하는 것 중 무엇을 선택할지 상당히 고민했다. '이 나이에 갑자기 해외로 떠나는 게 철없는 생각일까? 이 시기를 놓치면 영영 취업을 할 수 없게 되지 않을까?'라는 불안감이 나를 압도했다. 하지만 당시 교환학생을 가기로 결정했던 건 내 인생에서 가장 잘한 선택이었다. 그 당시엔 매우 늦었다고 생각했지만.

스물다섯 살에 있었던 일이다. 다른 아나운서 준비생들에 비해 나는 상당히 늦은 나이에 학원의 문을 두드렸다. 대학생 시절 인생에서 새로운 경험들이 중요하다고 판단해 휴학을 무려 세 번이나 했기 때문이었다. 그때 '결국 이 나이에 취준생이 됐구나'라고 생각했다.

서른 살에 있었던 일이다. 유튜브 채널 운영을 공식적으로 시작했다. 그전부터 유튜브와 온라인 개인 방송을 눈여겨보며 '나도 해보고 싶다'는 마음만 가지고 3년을 고민했다. 게임, 먹방 등 온라인에서 방송을 하는 유튜버(크리에이터)들은 대부분 10~20대인데, 30대인 내가 이런 걸 시작해도 될지 망설여졌기 때문이다.

내 인생을 돌이켜보면 한 번도 어떤 일을 적당한 때 혹은 이르다고 느껴질 때 시작해본 적이 없었다. 10대에도, 20대에도 그 일을 하기에 늘 늦었다고만 생각했다. 하지만 문제는 나이가 아니었다. 내 가치관이 잘못된 것이었다.

우리는 나이에 관한 수많은 고정관념을 가지고 살아간다. 하지만 인생에서 어떤 일을 시작하기에 '완벽한 타이밍'은 존

재하지 않는다.

세상에는 나이에 비해 일찍 싹을 틔웠다 금세 시들어버리는 사람들이 있는 반면 뒤늦게 화려한 꽃을 피어내는 사람들도 있다. 그랜마 모제스Grandma Moses는 일흔여덟 살에 공식적으로 화가로서의 삶을 시작했고, 풀코스 마라토너 파우자 싱Fouja Singh은 여든 살이 넘어 처음으로 마라톤에 참가했다. 이런 이야기가 그리 생소하진 않을 것이다.

냉정하게 생각해보자. 나에게 자꾸 나이 제한을 거는 것은 자신이지 나이 그 자체가 아니다. 마흔 살에도 스무 살 같은 도전적인 태도로 살아갈 수 있고, 스무 살에도 여든 살 같은 여유로운 마음가짐으로 살아갈 수도 있다. 결국 나이의 문제가 아닌 고정관념의 문제라는 뜻이다.

나 역시 나이가 들수록 더 많은 일에 도전하고 있다. 서른 살에 유튜버가 됐고 서른두 살에 첫 책을 출간했고 서른네 살에 처음 중국어를 제대로 배우기 시작했다. 그리고 앞으로 더 재미난 도전을 할 것이라 믿는다. 인생에서 결코 적절한 때란 오지 않는다. 어떻게 살든 완벽한 타이밍은 바로 지금이다.

QUARTER 2의 목표

목표	
구체화	목표를 이뤄야 하는 **이유**
	목표를 이루기 위한 **수단**
	목표 달성 기간의 **세분화**
	목표를 수치화하는 **목표치**

Before	After
	지금 기대하는 모습
	90일 뒤의 나의 모습

DAY 1		
/ /		90일 목표 되새기기
	AM :	90일 목표를 위해 오늘 해야 할 일
	PM :	하루의 총평

DAY 90		
/ /		90일 목표 되새기기
	AM :	90일 목표를 위해 오늘 해야 할 일
	PM :	하루의 총평

		90일 목표 되새기기
/ /		
	AM :	90일 목표를 위해 오늘 해야 할 일
DAY **2**		
	PM :	하루의 총평
/ /		90일 목표 되새기기
	AM :	90일 목표를 위해 오늘 해야 할 일
DAY **89**		
	PM :	하루의 총평

DAY 3		
/ /	AM :	**90일 목표 되새기기**
		90일 목표를 위해 오늘 해야 할 일
	PM :	**하루의 총평**

DAY 88		
/ /	AM :	**90일 목표 되새기기**
		90일 목표를 위해 오늘 해야 할 일
	PM :	**하루의 총평**

/ /		**90일 목표 되새기기**
	AM :	**90일 목표를 위해 오늘 해야 할 일**
DAY 4		
	PM :	**하루의 총평**
/ /		**90일 목표 되새기기**
	AM :	**90일 목표를 위해 오늘 해야 할 일**
DAY 87		
	PM :	**하루의 총평**

/ /		**90일 목표 되새기기**
	AM :	**90일 목표를 위해 오늘 해야 할 일**
DAY 5		
	PM :	**하루의 총평**
/ /		**90일 목표 되새기기**
	AM :	**90일 목표를 위해 오늘 해야 할 일**
DAY 86		
	PM :	**하루의 총평**

DAY
6

/ /

AM
:

PM
:

90일 목표 되새기기

90일 목표를 위해 오늘 해야 할 일

하루의 총평

DAY
85

/ /

AM
:

PM
:

90일 목표 되새기기

90일 목표를 위해 오늘 해야 할 일

하루의 총평

/ /		**90일 목표 되새기기**
	AM :	**90일 목표를 위해 오늘 해야 할 일**
DAY **7**		
	PM : .	**하루의 총평**
/ /		**90일 목표 되새기기**
	AM :	**90일 목표를 위해 오늘 해야 할 일**
DAY **84**		
	PM :	**하루의 총평**

| / / | | 90일 목표 되새기기 |

/ /		**90일 목표 되새기기**
DAY **8**	AM :	**90일 목표를 위해 오늘 해야 할 일**
	PM :	**하루의 총평**
/ /	AM :	**90일 목표 되새기기**
DAY **83**		**90일 목표를 위해 오늘 해야 할 일**
	PM :	**하루의 총평**

DAY 9

/ /

AM
:

90일 목표 되새기기

90일 목표를 위해 오늘 해야 할 일

PM
:

하루의 총평

DAY 82

/ /

AM
:

90일 목표 되새기기

90일 목표를 위해 오늘 해야 할 일

PM
:

하루의 총평

/ /		**90일 목표 되새기기**
	AM :	**90일 목표를 위해 오늘 해야 할 일**
DAY **10**		
	PM :	**하루의 총평**
/ /		**90일 목표 되새기기**
	AM :	**90일 목표를 위해 오늘 해야 할 일**
DAY **81**		
	PM :	**하루의 총평**

		90일 목표 되새기기
/ /		
	AM :	90일 목표를 위해 오늘 해야 할 일
DAY 11		
	PM :	하루의 총평
/ /		90일 목표 되새기기
	AM :	90일 목표를 위해 오늘 해야 할 일
DAY 80		
	PM :	하루의 총평

/ /		**90일 목표 되새기기**
DAY **12**	AM :	**90일 목표를 위해 오늘 해야 할 일**
	PM :	**하루의 총평**
/ /		**90일 목표 되새기기**
DAY **79**	AM :	**90일 목표를 위해 오늘 해야 할 일**
	PM :	**하루의 총평**

DAY 13

/ /

90일 목표 되새기기

AM
:

90일 목표를 위해 오늘 해야 할 일

하루의 총평

PM
:

DAY 78

/ /

90일 목표 되새기기

AM
:

90일 목표를 위해 오늘 해야 할 일

하루의 총평

PM
:

DAY
14

AM
:

PM
:

90일 목표 되새기기

90일 목표를 위해 오늘 해야 할 일

하루의 총평

DAY
77

AM
:

PM
:

90일 목표 되새기기

90일 목표를 위해 오늘 해야 할 일

하루의 총평

DAY 15

/ /

AM
:

90일 목표 되새기기

90일 목표를 위해 오늘 해야 할 일

PM
:

하루의 총평

DAY 76

/ /

AM
:

90일 목표 되새기기

90일 목표를 위해 오늘 해야 할 일

PM
:

하루의 총평

DAY 16

/ /

90일 목표 되새기기

AM
:

90일 목표를 위해 오늘 해야 할 일

PM
:

하루의 총평

DAY 75

/ /

90일 목표 되새기기

AM
:

90일 목표를 위해 오늘 해야 할 일

PM
:

하루의 총평

DAY 17

/ /

AM
:

90일 목표 되새기기

90일 목표를 위해 오늘 해야 할 일

PM
:

하루의 총평

DAY 74

/ /

AM
:

90일 목표 되새기기

90일 목표를 위해 오늘 해야 할 일

PM
:

하루의 총평

DAY 18

/ /

AM
:

90일 목표 되새기기

90일 목표를 위해 오늘 해야 할 일

PM
:

하루의 총평

DAY 73

/ /

AM
:

90일 목표 되새기기

90일 목표를 위해 오늘 해야 할 일

PM
:

하루의 총평

/ /		90일 목표 되새기기
DAY **19**	AM :	90일 목표를 위해 오늘 해야 할 일
	PM :	하루의 총평
/ /		90일 목표 되새기기
DAY **72**	AM :	90일 목표를 위해 오늘 해야 할 일
	PM :	하루의 총평

DAY 20

/ /

90일 목표 되새기기

AM
:

90일 목표를 위해 오늘 해야 할 일

하루의 총평

PM
:

DAY 71

/ /

90일 목표 되새기기

AM
:

90일 목표를 위해 오늘 해야 할 일

하루의 총평

PM
:

/ /		**90일 목표 되새기기**
	AM :	**90일 목표를 위해 오늘 해야 할 일**
DAY **21**		
	PM :	**하루의 총평**
/ /		**90일 목표 되새기기**
	AM :	**90일 목표를 위해 오늘 해야 할 일**
DAY **70**		
	PM :	**하루의 총평**

DAY 22

/ /

AM
:

90일 목표 되새기기

90일 목표를 위해 오늘 해야 할 일

PM
:

하루의 총평

DAY 69

/ /

AM
:

90일 목표 되새기기

90일 목표를 위해 오늘 해야 할 일

PM
:

하루의 총평

DAY
23

/ /

AM
:

90일 목표 되새기기

90일 목표를 위해 오늘 해야 할 일

PM
:

하루의 총평

DAY
68

/ /

AM
:

90일 목표 되새기기

90일 목표를 위해 오늘 해야 할 일

PM
:

하루의 총평

DAY 24

/ /

AM
:

90일 목표 되새기기

90일 목표를 위해 오늘 해야 할 일

PM
:

하루의 총평

DAY 67

/ /

AM
:

90일 목표 되새기기

90일 목표를 위해 오늘 해야 할 일

PM
:

하루의 총평

/ /		**90일 목표 되새기기**
	AM :	**90일 목표를 위해 오늘 해야 할 일**
DAY 25		
	PM :	**하루의 총평**
/ /		**90일 목표 되새기기**
	AM :	**90일 목표를 위해 오늘 해야 할 일**
DAY 66		
	PM :	**하루의 총평**

DAY 26

/ /

AM :

90일 목표 되새기기

90일 목표를 위해 오늘 해야 할 일

PM :

하루의 총평

DAY 65

/ /

AM :

90일 목표 되새기기

90일 목표를 위해 오늘 해야 할 일

PM :

하루의 총평

/ /		**90일 목표 되새기기**
DAY **27**	AM :	**90일 목표를 위해 오늘 해야 할 일**
	PM :	**하루의 총평**
/ /		**90일 목표 되새기기**
DAY **64**	AM :	**90일 목표를 위해 오늘 해야 할 일**
	PM :	**하루의 총평**

DAY 28

/ /

90일 목표 되새기기

AM
:

90일 목표를 위해 오늘 해야 할 일

하루의 총평

PM
:

DAY 63

/ /

90일 목표 되새기기

AM
:

90일 목표를 위해 오늘 해야 할 일

하루의 총평

PM
:

DAY 29

/ /

AM
:

90일 목표 되새기기

90일 목표를 위해 오늘 해야 할 일

PM
:

하루의 총평

DAY 62

/ /

AM
:

90일 목표 되새기기

90일 목표를 위해 오늘 해야 할 일

PM
:

하루의 총평

DAY 30

/ /

AM :

90일 목표 되새기기

90일 목표를 위해 오늘 해야 할 일

PM :

하루의 총평

DAY 61

/ /

AM :

90일 목표 되새기기

90일 목표를 위해 오늘 해야 할 일

PM :

하루의 총평

/ /		90일 목표 되새기기
DAY 31	AM :	90일 목표를 위해 오늘 해야 할 일
	PM :	하루의 총평
/ /		90일 목표 되새기기
DAY 60	AM :	90일 목표를 위해 오늘 해야 할 일
	PM :	하루의 총평

DAY
32

/ /

AM
:

90일 목표 되새기기

90일 목표를 위해 오늘 해야 할 일

PM
:

하루의 총평

DAY
59

/ /

AM
:

90일 목표 되새기기

90일 목표를 위해 오늘 해야 할 일

PM
:

하루의 총평

DAY 33

/ /

AM
:

90일 목표 되새기기

90일 목표를 위해 오늘 해야 할 일

PM
:

하루의 총평

DAY 58

/ /

AM
:

90일 목표 되새기기

90일 목표를 위해 오늘 해야 할 일

PM
:

하루의 총평

DAY 34

/ /

AM
:

PM
:

90일 목표 되새기기

90일 목표를 위해 오늘 해야 할 일

하루의 총평

DAY 57

/ /

AM
:

PM
:

90일 목표 되새기기

90일 목표를 위해 오늘 해야 할 일

하루의 총평

DAY 35

/ /

90일 목표 되새기기

AM
:

90일 목표를 위해 오늘 해야 할 일

PM
:

하루의 총평

DAY 56

/ /

90일 목표 되새기기

AM
:

90일 목표를 위해 오늘 해야 할 일

PM
:

하루의 총평

DAY 36

/ /

AM
:

90일 목표 되새기기

90일 목표를 위해 오늘 해야 할 일

PM
:

하루의 총평

DAY 55

/ /

AM
:

90일 목표 되새기기

90일 목표를 위해 오늘 해야 할 일

PM
:

하루의 총평

DAY 37		
/ /		**90일 목표 되새기기**
	AM :	**90일 목표를 위해 오늘 해야 할 일**
	PM :	**하루의 총평**

DAY 54		
/ /		**90일 목표 되새기기**
	AM :	**90일 목표를 위해 오늘 해야 할 일**
	PM :	**하루의 총평**

DAY 38

/ /

90일 목표 되새기기

AM
:

90일 목표를 위해 오늘 해야 할 일

PM
:

하루의 총평

DAY 53

/ /

90일 목표 되새기기

AM
:

90일 목표를 위해 오늘 해야 할 일

PM
:

하루의 총평

DAY 39

/ /

AM
:

90일 목표 되새기기

90일 목표를 위해 오늘 해야 할 일

PM
:

하루의 총평

DAY 52

/ /

AM
:

90일 목표 되새기기

90일 목표를 위해 오늘 해야 할 일

PM
:

하루의 총평

DAY 40

/ /

AM
:

PM
:

90일 목표 되새기기

90일 목표를 위해 오늘 해야 할 일

하루의 총평

DAY 51

/ /

AM
:

PM
:

90일 목표 되새기기

90일 목표를 위해 오늘 해야 할 일

하루의 총평

DAY 41	AM :	**90일 목표 되새기기**
		90일 목표를 위해 오늘 해야 할 일
	PM :	**하루의 총평**
DAY 50	AM :	**90일 목표 되새기기**
		90일 목표를 위해 오늘 해야 할 일
	PM :	**하루의 총평**

DAY 42

/ /

90일 목표 되새기기

AM
:

90일 목표를 위해 오늘 해야 할 일

PM
:

하루의 총평

DAY 49

/ /

90일 목표 되새기기

AM
:

90일 목표를 위해 오늘 해야 할 일

PM
:

하루의 총평

／　／

DAY
43

AM
:

90일 목표 되새기기

90일 목표를 위해 오늘 해야 할 일

PM
:

하루의 총평

／　／

DAY
48

AM
:

90일 목표 되새기기

90일 목표를 위해 오늘 해야 할 일

PM
:

하루의 총평

DAY
44

/ /

AM
:

90일 목표 되새기기

90일 목표를 위해 오늘 해야 할 일

PM
:

하루의 총평

DAY
47

/ /

AM
:

90일 목표 되새기기

90일 목표를 위해 오늘 해야 할 일

PM
:

하루의 총평

/ /

DAY
45

AM
:

PM
:

90일 목표 되새기기

90일 목표를 위해 오늘 해야 할 일

하루의 총평

/ /

DAY
46

AM
:

PM
:

90일 목표 되새기기

90일 목표를 위해 오늘 해야 할 일

하루의 총평

유학을 포기하고 3년 만에
다시 대입 준비!

 자기소개

ㄴ 안녕하세요. 스물두 살 김지은입니다. 저는 고 3 때부터 3년간 일본 유학을 준비했습니다. 일본에서 생명공학을 공부하고 싶다는 마음 하나로 시작했습니다. 하지만 시간이 지날수록 점점 지치고 목표조차 잃어버린 채 방황했습니다. 그리고 올해 내가 진정 하고 싶었던 일을 찾기 위해 고민한 끝에 현재 국내 대학의 생명공학 관련 과에 수시 원서를 접수하고 입시를 준비하고 있습니다.

 90일 챌린지에 참여한 사연

ㄴ 유학 준비를 그만두며 슬럼프와 번아웃이 함께 왔습니다. 그때

코스모지나 님 카페에 90일 챌린지 참가자를 모집하는 글이 올라온 것을 봤습니다. 당시 인생의 돌파구가 간절했기에 이번 챌린지가 터닝포인트가 되길 바라며 참여했습니다. 2020년 12월 31일 웃으며 한 해를 마무리하고 싶었습니다.

 90일 챌린지에 참여하고 느끼는 가장 큰 변화

처음 제가 세운 목표는 생명과학 공부 2시간, 영어 공부 30분이었습니다. 이렇게 목표를 세운 이유는 생명과학에 원래 관심이 있었고 거의 '영포자'일 정도로 영어를 싫어했기 때문입니다. 다른 챌린저들과 코스모지나 님의 응원 덕분에 힘든 순간에도 멈추지 않고 끝까지 올 수 있었습니다.

챌린지를 진행하며 생명과학과 영어 지식뿐만 아니라 내면을 가꾸는 방법을 배웠습니다. 처음에는 정말 힘들었지만 죽이 되든 밥이 되든 90일은 투자해보자는 마음으로 버텼습니다. 그렇게 천천히 공부해서 20일이 되고, 50일, 90일까지 가니 《생명과학 1, 2》를 끝내고 화학은 물론 그 이상의 공부까지 하게 됐습니다. 영어 역시 처음에는 기초 발음부터 공부했는데 나중에는 문법과 말하기도 잘하고 싶어 코스모지나 님의 영어 공부 프로그램에도 참여하고 있습니다.

예전의 저는 무언가를 가지려고만 했습니다. 내가 이루고자 하는 꿈과 목표를 사랑했지만 그것을 이뤄가는 과정까지는 사랑하지 않았습니다. 그렇기 때문에 늘 버거웠습니다. 하지만 90일이라는 실천의 시간이 모여 습관이 만들어지면서 나는 무엇이든 할 수 있는 사람이고 느리지만 천천히 성장하고 있다는 사실을 깨달았습니다.

앞으로의 목표

└ 일단 앞으로도 꾸준히 실천하고 변화하고 성장할 것입니다. 또한 대학교에 입학해서 더 열심히 공부할 것입니다. 그리고 졸업하면 생명공학 분야는 물론 제가 좋아하는 일을 하며 더 넓은 세상에서 눈부시게 활약하고 싶습니다.

김지은 님의 90일 챌린지 목표

목표		- 《생명과학 1, 2》 씹어 먹기 - 영어 왕초보 탈출 + 영어 기초 쌓기
구체화	목표를 이뤄야 하는 **이유**	- 내년 대학 입학 전 생명과학에 대한 지식을 공부 - 더 이상 영어가 내 발목을 안 잡기를 바라며
	목표를 이루기 위한 **수단**	- 노트에 그날 배운 것들을 적어서 인증! - forest 120분 시간 공부 후 캡처 인증! - 공부한 부분 찍어서 인증! - 달력에 실천 스티커 붙이기
	목표 달성 기간의 **세분화**	- 《생명과학 1》은 2강씩(1~50일), 완강 후 《생명과학 2》 1강씩 　+ 복습(51~90일) - 기초 발음 1강씩 + 복습(1~60일), 〈인턴〉 매일 3문장 섀 　도잉, 문장 분석 - 틈틈이 문법 공부
	목표를 수치화하는 **목표치**	- 90일간 《생명과학 1, 2》 공부를 끝낸다. - 영어 기초 발음 완강, 〈인턴〉 3분의 1의 문장을 공부한다. - 틈틈이 문법 공부

Before	**After**
- 과연 내가 90일을 해낼 수 있을까? - "너를 주저앉게 하는 것들이 너의 날개가 　돼주기를." - 혹시나 못하는 날이 있더라도 주저앉지 　말고 죄책감은 잊고 다시 해내길. - 90일 길다면 길고 짧으면 짧은 시간이지 　만 최선을 다해 실천하자. - 나를 속이지 말고 솔직하게 인증하자.	**지금 기대하는 모습** - 90일간 두 가지 목표를 매일 해냈다는 성취감 - 시작해서 끝을 맺었다는 기쁨 - 오늘 내가 해야 될, 즉 나와의 약속을 잘 지키 　는 나 - 내가 나를 더 사랑하는 지은이가 되길.
	90일 뒤의 나의 모습 

20 / 07 / 31		**90일 목표 되새기기**
		- 생물, 지구과학 분야 공부 2시간
		목적: 매일 새로운 지식을 쌓기 위해서
		- 불어 공부 30분 이상(《왕초보 탈출 1-3탄》 끝내기 완강, 〈기초
		회화〉, 〈기초 문법 1〉) 들어가기
	AM	**90일 목표를 위해 오늘 해야 할 일**
	08:00	- 생명과학 공부 2시간
DAY		- 〈불어 왕초보〉 1, 2강
1		- forest 시간 인증 120분
		- 카페 인증
		하루의 총평
		오늘 한 일
	PM	- 생명과학 공부 2시간
	11:00	- 〈불어 왕초보〉 1강
		- forest 시간 인증 120분
		- 카페 인증
20 / 10 / 29		**90일 목표 되새기기**
		- 생명과학 2시간
		목적 : 《생명 1, 2》 씹어 먹자!
		- 영어 공부 30분 이상, 그저 꾸준히!
		〈인턴〉 섀도잉 & 액팅 잉글리시
	AM	목적: 영어가 더 이상 내 발목을 안 잡길 바라며
	07:00	**90일 목표를 위해 오늘 해야 할 일**
		- 생명과학 공부 2시간
DAY		- 영어 30분
90		- Forest 120
		- 카페 인증
		- 블로그 인증
		하루의 총평
		오늘 한 일
	PM	- 생명과학 공부 2시간(《생명 2》, 진화의 증거, 147 복습)
	10:30	- 영어(30분 〈인턴〉 43, 44, 45)
		- Forest 120
		- 카페 인증
		- 블로그 인증

QUARTER 3

삶에서 가치 있는 모든 것들은
지속성에서 나온다

"잠깐 뜨거운 열정보다 더 중요한 것은
열정의 지속성이다."
_마크 저커버그 Mark Zuckerberg

　열아홉 살에 나는 좋은 대학교만 가면 이후 인생은 꽃길이 펼쳐질 줄 알았다. 스물다섯 살의 나는 좋은 일자리를 잡으면 꿈꾸던 커리어를 가진 멋진 여성이 될 줄 알았다. 하지만 서른 네 살의 나는 이제 무언가를 이루면 탄탄대로를 걸을 것이라는 환상을 가지지 않는다. 인생에서 한 번 좋은 결과물을 내는 게 평생을 좌우하지 않는다는 사실을 알았기 때문이다.

　누구나 원해온 것을 얻지 못하거나 실패해본 경험이 있을 것이다. 아침에 일찍 일어나기, 몸에 좋은 음식을 먹고 야식을 줄이기, 새로운 일에 도전하기, 매일 조금씩 공부하기 등 우리가 추구하는 인생의 목표는 대개 비슷하다. 그리고 이 목표에

도달하기 위해서는 매일 무언가를 해야 한다. 하지만 2, 3일만 지나도 마음이 초심과 달라지기 일쑤다. 그렇게 하루 이틀 목표를 달성하는 데 게을러지다 보면 자기 자신을 미워하고 만다.

그런데 사람마다 이 실패를 바라보는 태도와 그다음의 행동은 다르다. 이것이 인생의 격차를 만든다.

실패를 '노력했지만 내가 원하는 것을 얻지 못한 상황'으로 본다면, 나는 대부분의 사람들과 마찬가지로 지금껏 수도 없는 실패를 거듭했다. 원했던 대학에 들어가지 못한 것을 시작으로, 수십 번 회사 면접에서 떨어졌다. 열심히 노력해서 만든 내 브랜드가 몇 개월 만에 흐지부지 끝났고 인생에서 계획한 일들이 작심삼일로 끝났던 경험은 무수히 많다. 하지만 그런다고 해서 자책하거나 포기하지는 않는다. 그저 할 일을 묵묵히 계속할 뿐이다.

이렇게 낙담하지 않는 방법을 알려준 것은 다름 아닌 실패에 대한 관점의 변화였다. 이제 나는 더 이상 내가 실패하지 않을 거라고 생각하지 않는다. 실패는 삶의 한 과정이다. 어떤 일을 하다가 넘어진다고 해서 자책하거나 좌절할 필요는 없다. 그냥 개의치 말고 하던 일을 계속해나가면 된다. 지금의 내가 과거의 나보다 조금 더 성장한 까닭 역시 늘 실패해도 다시 무언가를 행동으로 옮겼기 때문이다.

삶은 한 번 성공한다고 끝나는 것이 아니다. 따라서 어떤 일이든 지속하는 힘을 길러야 한다. 인생의 진짜 가치는 원하는 목표를 100퍼센트 달성해야 나오는 게 아니라 그 일을 해내려고 시도한 날들 그 자체에 있다. 그리고 그것이 스스로 꿈꿔온 나를 만든다.

인생의 마지막까지 내가 원하는 방향으로 나아간다면 한두 번 실패했다고 해서 무너질 이유도 없다. 결국 삶에서 가장 중요한 가치는 지속성에서 나오는 것이니까.

QUARTER 3의 목표

목표		
구체화	목표를 이뤄야 하는 **이유**	
	목표를 이루기 위한 **수단**	
	목표 달성 기간의 **세분화**	
	목표를 수치화하는 **목표치**	

Before	After
	지금 기대하는 모습
	90일 뒤의 나의 모습

/ /		**90일 목표 되새기기**
DAY **1**	AM :	**90일 목표를 위해 오늘 해야 할 일**
	PM :	**하루의 총평**
/ /		**90일 목표 되새기기**
DAY **90**	AM :	**90일 목표를 위해 오늘 해야 할 일**
	PM :	**하루의 총평**

DAY 2

/ /

90일 목표 되새기기

AM
:

90일 목표를 위해 오늘 해야 할 일

PM
:

하루의 총평

DAY 89

/ /

90일 목표 되새기기

AM
:

90일 목표를 위해 오늘 해야 할 일

PM
:

하루의 총평

DAY 3	/ /		
	AM :	**90일 목표 되새기기**	
		90일 목표를 위해 오늘 해야 할 일	
	PM :	**하루의 총평**	

DAY 88	/ /		
	AM :	**90일 목표 되새기기**	
		90일 목표를 위해 오늘 해야 할 일	
	PM :	**하루의 총평**	

DAY 4

/ /

AM
:

90일 목표 되새기기

90일 목표를 위해 오늘 해야 할 일

PM
:

하루의 총평

DAY 87

/ /

AM
:

90일 목표 되새기기

90일 목표를 위해 오늘 해야 할 일

PM
:

하루의 총평

DAY 5

/ /

AM
:

90일 목표 되새기기

90일 목표를 위해 오늘 해야 할 일

PM
:

하루의 총평

DAY 86

/ /

AM
:

90일 목표 되새기기

90일 목표를 위해 오늘 해야 할 일

PM
:

하루의 총평

		90일 목표 되새기기
DAY 6	/ / AM :	90일 목표를 위해 오늘 해야 할 일
	PM :	하루의 총평
DAY 85	/ / AM :	90일 목표 되새기기
		90일 목표를 위해 오늘 해야 할 일
	PM :	하루의 총평

DAY 7

AM :	**90일 목표 되새기기**
	90일 목표를 위해 오늘 해야 할 일
PM :	**하루의 총평**

DAY 84

AM :	**90일 목표 되새기기**
	90일 목표를 위해 오늘 해야 할 일
PM :	**하루의 총평**

DAY 8		
/ /	AM :	**90일 목표 되새기기**
		90일 목표를 위해 오늘 해야 할 일
	PM :	**하루의 총평**
DAY 83		
/ /	AM :	**90일 목표 되새기기**
		90일 목표를 위해 오늘 해야 할 일
	PM :	**하루의 총평**

DAY 9

/ /

AM :

90일 목표 되새기기

90일 목표를 위해 오늘 해야 할 일

PM :

하루의 총평

DAY 82

/ /

AM :

90일 목표 되새기기

90일 목표를 위해 오늘 해야 할 일

PM :

하루의 총평

DAY 10

/ /

AM
:

90일 목표 되새기기

90일 목표를 위해 오늘 해야 할 일

PM
:

하루의 총평

DAY 81

/ /

AM
:

90일 목표 되새기기

90일 목표를 위해 오늘 해야 할 일

PM
:

하루의 총평

DAY 11

90일 목표 되새기기

90일 목표를 위해 오늘 해야 할 일

하루의 총평

DAY 80

90일 목표 되새기기

90일 목표를 위해 오늘 해야 할 일

하루의 총평

/ /		**90일 목표 되새기기**
	AM :	**90일 목표를 위해 오늘 해야 할 일**
DAY **12**		
	PM :	**하루의 총평**
/ /		**90일 목표 되새기기**
	AM :	**90일 목표를 위해 오늘 해야 할 일**
DAY **79**		
	PM :	**하루의 총평**

<table>
<tr><td rowspan="3">/ /

DAY
13</td><td rowspan="2">AM
:</td><td>**90일 목표 되새기기**</td></tr>
<tr><td>**90일 목표를 위해 오늘 해야 할 일**</td></tr>
<tr><td>PM
:</td><td>**하루의 총평**</td></tr>
<tr><td rowspan="3">/ /

DAY
78</td><td rowspan="2">AM
:</td><td>**90일 목표 되새기기**</td></tr>
<tr><td>**90일 목표를 위해 오늘 해야 할 일**</td></tr>
<tr><td>PM
:</td><td>**하루의 총평**</td></tr>
</table>

DAY 14

/ /

AM
:

90일 목표 되새기기

90일 목표를 위해 오늘 해야 할 일

PM
:

하루의 총평

DAY 77

/ /

AM
:

90일 목표 되새기기

90일 목표를 위해 오늘 해야 할 일

PM
:

하루의 총평

		90일 목표 되새기기
/ /		
	AM :	90일 목표를 위해 오늘 해야 할 일
DAY **15**		
	PM :	하루의 총평
/ /		90일 목표 되새기기
	AM :	90일 목표를 위해 오늘 해야 할 일
DAY **76**		
	PM :	하루의 총평

/ /		**90일 목표 되새기기**
	AM :	**90일 목표를 위해 오늘 해야 할 일**
DAY **16**		
	PM :	**하루의 총평**
/ /		**90일 목표 되새기기**
	AM :	**90일 목표를 위해 오늘 해야 할 일**
DAY **75**		
	PM :	**하루의 총평**

DAY 17		
/ /	AM :	90일 목표 되새기기
		90일 목표를 위해 오늘 해야 할 일
	PM :	하루의 총평
DAY 74		
/ /	AM :	90일 목표 되새기기
		90일 목표를 위해 오늘 해야 할 일
	PM :	하루의 총평

/ /		**90일 목표 되새기기**
DAY **18**	AM :	**90일 목표를 위해 오늘 해야 할 일**
	PM :	**하루의 총평**
/ /		**90일 목표 되새기기**
DAY **73**	AM :	**90일 목표를 위해 오늘 해야 할 일**
	PM :	**하루의 총평**

DAY 19

/ /

AM
:

90일 목표 되새기기

90일 목표를 위해 오늘 해야 할 일

PM
:

하루의 총평

DAY 72

/ /

AM
:

90일 목표 되새기기

90일 목표를 위해 오늘 해야 할 일

PM
:

하루의 총평

/ /		**90일 목표 되새기기**
	AM :	**90일 목표를 위해 오늘 해야 할 일**
DAY **20**		
	PM :	**하루의 총평**
/ /		**90일 목표 되새기기**
	AM :	**90일 목표를 위해 오늘 해야 할 일**
DAY **71**		
	PM :	**하루의 총평**

/ /		**90일 목표 되새기기**
	AM :	**90일 목표를 위해 오늘 해야 할 일**
DAY **21**		
	PM :	**하루의 총평**
/ /		**90일 목표 되새기기**
	AM :	**90일 목표를 위해 오늘 해야 할 일**
DAY **70**		
	PM :	**하루의 총평**

DAY 22

/ /

90일 목표 되새기기

AM
:

90일 목표를 위해 오늘 해야 할 일

하루의 총평

PM
:

DAY 69

/ /

90일 목표 되새기기

AM
:

90일 목표를 위해 오늘 해야 할 일

하루의 총평

PM
:

DAY
23

/ /

AM
:

90일 목표 되새기기

90일 목표를 위해 오늘 해야 할 일

PM
:

하루의 총평

DAY
68

/ /

AM
:

90일 목표 되새기기

90일 목표를 위해 오늘 해야 할 일

PM
:

하루의 총평

DAY 24

/ /

AM :

90일 목표 되새기기

90일 목표를 위해 오늘 해야 할 일

PM :

하루의 총평

DAY 67

/ /

AM :

90일 목표 되새기기

90일 목표를 위해 오늘 해야 할 일

PM :

하루의 총평

DAY
25

/ /

AM
:

90일 목표 되새기기

90일 목표를 위해 오늘 해야 할 일

PM
:

하루의 총평

DAY
66

/ /

AM
:

90일 목표 되새기기

90일 목표를 위해 오늘 해야 할 일

PM
:

하루의 총평

/ /

DAY
26

AM
:

90일 목표 되새기기

90일 목표를 위해 오늘 해야 할 일

PM
:

하루의 총평

/ /

DAY
65

AM
:

90일 목표 되새기기

90일 목표를 위해 오늘 해야 할 일

PM
:

하루의 총평

DAY 27

/ /

AM
:

90일 목표 되새기기

90일 목표를 위해 오늘 해야 할 일

PM
:

하루의 총평

DAY 64

/ /

AM
:

90일 목표 되새기기

90일 목표를 위해 오늘 해야 할 일

PM
:

하루의 총평

		90일 목표 되새기기
/ /	AM :	90일 목표를 위해 오늘 해야 할 일
DAY 28	PM :	하루의 총평
/ /	AM :	90일 목표 되새기기
		90일 목표를 위해 오늘 해야 할 일
DAY 63	PM :	하루의 총평

/ /		**90일 목표 되새기기**
	AM :	**90일 목표를 위해 오늘 해야 할 일**
DAY 29		
	PM :	**하루의 총평**
/ /		**90일 목표 되새기기**
	AM :	**90일 목표를 위해 오늘 해야 할 일**
DAY 62		
	PM :	**하루의 총평**

DAY 30

/ /

AM
:

90일 목표 되새기기

90일 목표를 위해 오늘 해야 할 일

PM
:

하루의 총평

DAY 61

/ /

AM
:

90일 목표 되새기기

90일 목표를 위해 오늘 해야 할 일

PM
:

하루의 총평

/ /		**90일 목표 되새기기**
	AM :	**90일 목표를 위해 오늘 해야 할 일**
DAY 31		
	PM :	**하루의 총평**
/ /		**90일 목표 되새기기**
	AM :	**90일 목표를 위해 오늘 해야 할 일**
DAY 60		
	PM :	**하루의 총평**

/ /		**90일 목표 되새기기**
	AM :	**90일 목표를 위해 오늘 해야 할 일**
DAY **32**		
	PM :	**하루의 총평**
/ /		**90일 목표 되새기기**
	AM :	**90일 목표를 위해 오늘 해야 할 일**
DAY **59**		
	PM :	**하루의 총평**

DAY 33

/ /

AM
:

90일 목표 되새기기

90일 목표를 위해 오늘 해야 할 일

PM
:

하루의 총평

DAY 58

/ /

AM
:

90일 목표 되새기기

90일 목표를 위해 오늘 해야 할 일

PM
:

하루의 총평

		90일 목표 되새기기
/ /		
	AM :	90일 목표를 위해 오늘 해야 할 일
DAY **34**		
	PM :	하루의 총평
/ /		90일 목표 되새기기
	AM :	90일 목표를 위해 오늘 해야 할 일
DAY **57**		
	PM :	하루의 총평

/ /		**90일 목표 되새기기**
	AM :	**90일 목표를 위해 오늘 해야 할 일**
DAY **35**		
	PM :	**하루의 총평**
/ /		**90일 목표 되새기기**
	AM :	**90일 목표를 위해 오늘 해야 할 일**
DAY **56**		
	PM :	**하루의 총평**

/ /		**90일 목표 되새기기**
	AM :	**90일 목표를 위해 오늘 해야 할 일**
DAY **36**		
	PM :	**하루의 총평**
/ /		**90일 목표 되새기기**
	AM :	**90일 목표를 위해 오늘 해야 할 일**
DAY **55**		
	PM :	**하루의 총평**

/ /		90일 목표 되새기기
	AM :	90일 목표를 위해 오늘 해야 할 일
DAY **37**		
	PM :	하루의 총평
/ /		90일 목표 되새기기
	AM :	90일 목표를 위해 오늘 해야 할 일
DAY **54**		
	PM :	하루의 총평

DAY 38

/ /

AM
:

90일 목표 되새기기

90일 목표를 위해 오늘 해야 할 일

PM
:

하루의 총평

DAY 53

/ /

AM
:

90일 목표 되새기기

90일 목표를 위해 오늘 해야 할 일

PM
:

하루의 총평

DAY 39

／ ／

AM
:

90일 목표 되새기기

90일 목표를 위해 오늘 해야 할 일

PM
:

하루의 총평

DAY 52

／ ／

AM
:

90일 목표 되새기기

90일 목표를 위해 오늘 해야 할 일

PM
:

하루의 총평

/ /		**90일 목표 되새기기**
	AM :	**90일 목표를 위해 오늘 해야 할 일**
DAY **40**		
	PM :	**하루의 총평**
/ /		**90일 목표 되새기기**
	AM :	**90일 목표를 위해 오늘 해야 할 일**
DAY **51**		
	PM :	**하루의 총평**

<table>
<tr><td rowspan="3">/ /

DAY
41</td><td rowspan="2">AM
:</td><td>**90일 목표 되새기기**</td></tr>
<tr><td>**90일 목표를 위해 오늘 해야 할 일**</td></tr>
<tr><td>PM
:</td><td>**하루의 총평**</td></tr>
<tr><td rowspan="3">/ /

DAY
50</td><td rowspan="2">AM
:</td><td>**90일 목표 되새기기**</td></tr>
<tr><td>**90일 목표를 위해 오늘 해야 할 일**</td></tr>
<tr><td>PM
:</td><td>**하루의 총평**</td></tr>
</table>

		90일 목표 되새기기
/ /		
	AM :	90일 목표를 위해 오늘 해야 할 일
DAY 42		
	PM :	하루의 총평
/ /		90일 목표 되새기기
	AM :	90일 목표를 위해 오늘 해야 할 일
DAY 49		
	PM :	하루의 총평

/ /	AM :	**90일 목표 되새기기**
		90일 목표를 위해 오늘 해야 할 일
DAY 43		
	PM :	**하루의 총평**
/ /	AM :	**90일 목표 되새기기**
		90일 목표를 위해 오늘 해야 할 일
DAY 48		
	PM :	**하루의 총평**

	/ /		**90일 목표 되새기기**
DAY **44**		AM :	**90일 목표를 위해 오늘 해야 할 일**
		PM :	**하루의 총평**
DAY **47**	/ /	AM :	**90일 목표 되새기기**
			90일 목표를 위해 오늘 해야 할 일
		PM :	**하루의 총평**

/ /		**90일 목표 되새기기**
	AM :	**90일 목표를 위해 오늘 해야 할 일**
DAY 45		
	PM :	**하루의 총평**
/ /		**90일 목표 되새기기**
	AM :	**90일 목표를 위해 오늘 해야 할 일**
DAY 46		
	PM :	**하루의 총평**

하루 30분 독서를 통해 경험한
나에 대한 확신

Q 자기소개

안녕하세요. 저는 서울시립대학교에서 중국어문화학을 전공하고 경제학을 복수 전공하고 있는 대학교 3학년 스물세 살 신민수입니다. 2년 전, 교내 방송국에서 아나운서로 활동하면서 방송에 대한 흥미가 생겼고 지금은 국제 이슈와 경제 분야에 특히 관심이 많습니다.

Q 90일 챌린지에 참여한 사연

프리랜서 아나운서와 관련된 유튜브 영상을 찾아보다가 코스모지나 님을 알게 되면서 영상을 통해 90일 챌린지를 접했습니다. 많은 분들이 '책 꾸준히 읽기'를 신년 목표로 세우곤 하는데요.

2020년에 제가 이루고자 했던 목표도 '꾸준히 독서하기'였습니다. 매일 일정한 페이스로 책을 읽는 것이 목표였어요. 코스모지나 님 영상에서 '5년 후에도 자신에게 닿을 일을 하는 것이 중요하다'는 내용이 나옵니다. 그 말을 듣고 독서야말로 평생을 좌우하는 습관이 될 수 있을 것이라 생각했습니다. 그래서 하루에 20페이지씩 책 읽기를 목표로 정했습니다.

90일 챌린지에 참여하고 느끼는 가장 큰 변화

일단 책을 많이 읽게 됐습니다. 90일 챌린지를 시작하기 전, 비슷한 기간 동안 책을 8권 읽은 반면 챌린지를 시작하고 나서 제가 80일 동안 읽은 책은 13권입니다. 약 1.6배 정도 더 책을 많이 읽은 것입니다.

그리고 다양한 분야의 책을 시도해보게 됐습니다. 예를 들어 사회과학 분야의 책을 평소 자주 읽지 않았는데 이제는 한 달에 한 권 정도 읽어요. 이렇게 여러 분야의 책을 읽으면서 진로 선택에 도움을 받았을 뿐만 아니라 다각적으로 세상을 바라볼 수 있게 됐습니다. 나아가 글을 읽는 것을 넘어 글을 직접 써보고 싶어졌습니다.

또한 스스로에게 확신을 갖게 됐습니다. 90일 챌린지를 통해 원했던 독서 습관을 갖게 되면서, 무슨 일이든 90일 동안 꾸준히 하면 습관이 생기고 제 자신이 원하는 모습을 만들 수 있다는 믿음이 생겼습니다. 일찍 일어나는 습관을 만들고 싶어 10월부터는 오전 5시 30분에 일어나기 시작했고, 매일 아침 조금씩 운동도 하고 있습니다. 이런 저를 보고 열두 살인 제 동생도 매일 두 번 이상 양치하기, 공부하기 등 자기가 원하는 목표를 벽에 붙여두고 실천하고 있어요.

 앞으로의 목표

제 인생의 목표는 코스모지나 님처럼 많은 사람들에게 긍정적인 영향을 주는 사람이 되는 것입니다. 어떤 직업을 가지게 될지 아직은 잘 모르겠지만 좋아하는 일을 꾸준히 하면서 즐겁게 살고 싶습니다.

신민수 님의 90일 챌린지 목표

목표	꾸준히 책 읽는 습관 만들기	
구체화	목표를 이뤄야 하는 **이유**	- 휴식을 취할 수 있다: 책을 읽으면 걱정과 고민 등 일상의 스트레스를 해소할 수 있다. - 다각도로 세상을 바라볼 수 있다: 여러 책을 읽음으로써 다양한 시각을 가질 수 있다.
	목표를 이루기 위한 **수단**	책을 20페이지 이상 읽고 코스모지나 님 카페에 글을 업로드한다.
	목표 달성 기간의 **세분화**	90일 동안 지정된 시간에(밤 10시 30분~11시) 매일 20페이지 이상 책을 읽는다. 90일 이후에는 20페이지라는 목표치를 설정하지 않아도 매일 몰입하며 책을 읽는다.
	목표를 수치화하는 **목표치**	90일 동안 최소한 6권의 책을 읽는다(20페이지×90일 = 1,800페이지, 1,800페이지/200~300페이지=약 6~9권).

Before

당장 내일 책을 반납을 해야 해서 몰아서 읽다 보니 하루에 200페이지 이상 읽게 됐습니다. 매일 20페이지씩 읽었다면 기한 내에 충분히 읽고도 남았을 텐데.

After

지금 기대하는 모습

언제 어디서든 책을 들고 다니면서 책을 읽는 모습이었으면 좋겠습니다. 책을 읽을 때 시간 가는 줄 모르게 몰입하면서 읽고, 어떤 분야의 책을 좋아하는지, 제일 좋아하는 작가는 누구인지, 최근에 읽은 책 중에서 가장 인상 깊었던 책은 무엇인지를 막힘없이 이야기할 수 있을 정도로 책에 애정을 가진 사람이 되고 싶습니다.

90일 뒤의 나의 모습

10	2020.5.15 시간전쟁	자기계발
11	2020.6.23 어쩌다보니 스페인이었습니다	에세이
12	2020.6.23 이것이 나의 다정입니다.	에세이
13	2020.6.23 모든 것이 되는 법	자기계발
14	2020.6.23 최고의 변화는 어디서 시작되는가	자기계발
15	2020.7.9 대해빙	자기계발
16	2020.7.9 성격을 읽는 법	사회과학
17	2020.7.9 글의 맛	소설
18	2020.7.30 신경끄기의 기술	자기계발
19	2020.8.12 타이탄의 도구들	자기계발
20	2020.8.15 기록의 쓸모	사회과학
21	2020.8.19 시선으로부터	소설
22	2020.8.24 애쓰지 말고 편안하게	에세이
23	2020.8.28 브랜드가 되어간다는 것	사회과학
24	2020.8.31 문과생 데이터 사이언티스트 되다	사회과학
25	2020.9.7 나도 멋지게 살고 싶다	자기계발

DAY 1

AM
08:00

PM
11:00

90일 목표 되새기기

꾸준히 책 읽는 습관 만들기: 책 20페이지 이상 읽기

90일 목표를 위해 오늘 해야 할 일

- 가장 집중이 잘 되는 시간(22:30~23:00)에 책을 읽는다.

하루의 총평

- 오늘 책을 20페이지 이상 읽은 것은 잘한 일이지만, 앞으로는 매일 꾸준히 약속한 분량을 읽어 밀리는 일이 없었으면 좋겠다!
- 《나의 첫 유튜브 프로젝트》(173-375)

DAY 90

AM
07:00

PM
11:00

90일 목표 되새기기

꾸준히 책 읽는 습관 만들기: 책 20페이지 이상 읽기

90일 목표를 위해 오늘 해야 할 일

- 가장 집중이 잘 되는 시간(06:30~07:00 / 22:30~23:00)에 책을 읽는다.

하루의 총평

- 이제는 책을 읽지 않으면 뭔가 허전한 기분이다. 하루를 마무리하는 시간에 읽기도, 하루를 시작하는 시간에 읽기도 하는데 오늘은 밤에 읽어봤다. 시험 기간이라 시간이 많지는 않았지만 책장을 넘기니 어느 순간 20페이지는 거뜬히 다 읽은 내 모습을 볼 수 있었다.
- 《제가 한번 해봤습니다, 남기자의 체헐리즘》(275-319)

QUARTER 4

일단 떠난 여행이
가르쳐준 것

> "20년 뒤, 당신은 지금 무엇을 했느냐가 아닌
> 지금 무엇을 하지 않았느냐 때문에 실망할 것이다."
> _마크 트웨인Mark Twain

　누군가 나에게 20대 때 가장 잘한 일이 무엇인지 묻는다면, 나는 '나를 아는 사람이 아무도 없는 곳을 혼자 여행한 일'이라고 답할 것이다. 이 일은 내가 10대에 만든 버킷리스트 중 가장 핵심 항목으로, 세상을 다르게 볼 수 있도록 도와줬다.

　2009년 10월 8일 오후 8시 20분, 난생처음 혼자 런던 땅을 밟았다. 가을 초입이어서인지 공항을 나와 처음 만난 공기가 굉장히 쌀쌀했다.

　10년도 지난 기억이지만 여전히 그날 히드로 공항을 빠져나갈 때의 감정을 또렷이 기억한다. 태어나서 처음으로 나를

아는 사람이 한 명도 없는 곳에서, 그것도 혼자 여행을 하다
니! 설렘과 두려움이 동시에 느껴졌다. 사회생활을 해본 적도
없었는데 용기를 내서 혼자 장기 유럽 배낭여행을 하겠다고
마음먹은 나 자신이 조금은 기특하기도 했다. 무엇보다 영어
한 마디 제대로 입 밖에 내뱉어본 적 없는 수준의 실력으로
말이다(그 시절 나의 영어 실력은 형편없었다).

사진3. 독일 여행 중 찍은 사진

당시 내가 주머니 사정이 좋아서 혹은 그럴 만한 상황이 돼서 여행을 계획했던 것은 아니었다. 취업 준비는 물론 해야 할 공부가 산더미였다. 무엇보다 2년 넘게 모은 500만 원을 한 번에 탕진해야 한다는, 20대 초반으로선 굉장히 큰 리스크를 감수해야 했다.

하지만 이 여행이 다른 사람은 경험해보지 못한 특별한 추억을 수없이 만들어줬다. 비행기 표 값을 아끼겠다고 경유를 해서 24시간 만에 런던 히드로 공항에 떨어졌던 첫째 날에는 앞으로 무슨 일이 펼쳐질지 몰랐다. 여행 나흘째 되는 날 카메라를 잃어버려 외국에서는 혼자 어디서 어떻게 물건을 구매해야 되는지도 모르면서 어리둥절하며 새로운 카메라를 사러 갔던 일, 베를린 박물관 섬에서 만난 이상한 남자아이와의 해프닝, 체코에 내리자마자 경험한 10월 중순의 눈, 경찰서에 간 일, 파리에서 보낸 크리스마스… 계획하지 않은 일들의 연속이었다.

이렇게 80일 가까이 되는 시간을 혼자 여행하면서 무엇이든 머릿속으로 생각만 하고 있는 일들을 그냥 하면 된다는 것을 깨달았다. 아무 생각도 하지 말고 그냥 저지르면 무엇이든 얻을 수 있다. 반면 생각이 많으면 대개 몸이 잘 움직이지 않는다. 머리와 몸의 활동성은 반비례하기 때문이다(이는 나의 근거 없는 통찰임을 밝힌다). 저스트 두 잇 JUST DO IT!

마음속에 담아둔 일들을 계속 미루다 보면 좋은 기회가 생겨도 다음을 기약하고 마는 관성이 생긴다. 그리고 이것이 후회를 만든다. 그러니 하고 싶은 일이 있다면 용기 내어 그냥 해보자. 이것이 당신만의 놀라운 여행이 돼줄 것이다.

QUARTER 4의 목표

목표	

구체화	목표를 이뤄야 하는 **이유**	
	목표를 이루기 위한 **수단**	
	목표 달성 기간의 **세분화**	
	목표를 수치화하는 **목표치**	

Before	After
	지금 기대하는 모습
	90일 뒤의 나의 모습

/ /		90일 목표 되새기기
	AM :	90일 목표를 위해 오늘 해야 할 일
DAY **1**		
	PM :	하루의 총평
/ /		90일 목표 되새기기
	AM :	90일 목표를 위해 오늘 해야 할 일
DAY **90**		
	PM :	하루의 총평

DAY 2

/ /

AM
:

90일 목표 되새기기

90일 목표를 위해 오늘 해야 할 일

PM
:

하루의 총평

DAY 89

/ /

AM
:

90일 목표 되새기기

90일 목표를 위해 오늘 해야 할 일

PM
:

하루의 총평

DAY 3		90일 목표 되새기기
/ /		
	AM :	90일 목표를 위해 오늘 해야 할 일
	PM :	하루의 총평

DAY 88		90일 목표 되새기기
/ /		
	AM :	90일 목표를 위해 오늘 해야 할 일
	PM :	하루의 총평

/ /		**90일 목표 되새기기**
	AM :	**90일 목표를 위해 오늘 해야 할 일**
DAY **4**		
	PM :	**하루의 총평**
/ /		**90일 목표 되새기기**
	AM :	**90일 목표를 위해 오늘 해야 할 일**
DAY **87**		
	PM :	**하루의 총평**

/ /		**90일 목표 되새기기**
	AM :	**90일 목표를 위해 오늘 해야 할 일**
DAY **5**		
	PM :	**하루의 총평**
/ /		**90일 목표 되새기기**
	AM :	**90일 목표를 위해 오늘 해야 할 일**
DAY **86**		
	PM :	**하루의 총평**

/ /		**90일 목표 되새기기**
	AM :	**90일 목표를 위해 오늘 해야 할 일**
DAY **6**		
	PM :	**하루의 총평**
/ /		**90일 목표 되새기기**
	AM :	**90일 목표를 위해 오늘 해야 할 일**
DAY **85**		
	PM :	**하루의 총평**

/ /		90일 목표 되새기기
	AM :	90일 목표를 위해 오늘 해야 할 일
DAY **7**		
	PM :	하루의 총평
/ /		90일 목표 되새기기
	AM :	90일 목표를 위해 오늘 해야 할 일
DAY **84**		
	PM :	하루의 총평

/ /		**90일 목표 되새기기**
	AM :	**90일 목표를 위해 오늘 해야 할 일**
DAY 8		
	PM :	**하루의 총평**
/ /		**90일 목표 되새기기**
	AM :	**90일 목표를 위해 오늘 해야 할 일**
DAY 83		
	PM :	**하루의 총평**

DAY
9

90일 목표 되새기기

AM
:

90일 목표를 위해 오늘 해야 할 일

PM
:

하루의 총평

DAY
82

90일 목표 되새기기

AM
:

90일 목표를 위해 오늘 해야 할 일

PM
:

하루의 총평

/ /		**90일 목표 되새기기**
DAY **10**	AM :	**90일 목표를 위해 오늘 해야 할 일**
	PM :	**하루의 총평**
/ /		**90일 목표 되새기기**
DAY **81**	AM :	**90일 목표를 위해 오늘 해야 할 일**
	PM :	**하루의 총평**

/ /		**90일 목표 되새기기**
	AM :	**90일 목표를 위해 오늘 해야 할 일**
DAY 11		
	PM :	**하루의 총평**
/ /		**90일 목표 되새기기**
	AM :	**90일 목표를 위해 오늘 해야 할 일**
DAY 80		
	PM :	**하루의 총평**

DAY 12

/ /

90일 목표 되새기기

AM
:

90일 목표를 위해 오늘 해야 할 일

하루의 총평

PM
:

DAY 79

/ /

90일 목표 되새기기

AM
:

90일 목표를 위해 오늘 해야 할 일

하루의 총평

PM
:

DAY 13

/ /

AM
:

90일 목표 되새기기

90일 목표를 위해 오늘 해야 할 일

PM
:

하루의 총평

DAY 78

/ /

AM
:

90일 목표 되새기기

90일 목표를 위해 오늘 해야 할 일

PM
:

하루의 총평

DAY
14

/ /

AM
:

90일 목표 되새기기

90일 목표를 위해 오늘 해야 할 일

PM
:

하루의 총평

DAY
77

/ /

AM
:

90일 목표 되새기기

90일 목표를 위해 오늘 해야 할 일

PM
:

하루의 총평

DAY 15

/ /

90일 목표 되새기기

AM
:

90일 목표를 위해 오늘 해야 할 일

PM
:

하루의 총평

DAY 76

/ /

90일 목표 되새기기

AM
:

90일 목표를 위해 오늘 해야 할 일

PM
:

하루의 총평

/ /		**90일 목표 되새기기**
	AM :	**90일 목표를 위해 오늘 해야 할 일**
DAY 16		
	PM :	**하루의 총평**
/ /		**90일 목표 되새기기**
	AM :	**90일 목표를 위해 오늘 해야 할 일**
DAY 75		
	PM :	**하루의 총평**

DAY 17

/ /

**AM
:**

90일 목표 되새기기

90일 목표를 위해 오늘 해야 할 일

**PM
:**

하루의 총평

DAY 74

/ /

**AM
:**

90일 목표 되새기기

90일 목표를 위해 오늘 해야 할 일

**PM
:**

하루의 총평

DAY
18

/ /

AM
:

90일 목표 되새기기

90일 목표를 위해 오늘 해야 할 일

하루의 총평

PM
:

DAY
73

/ /

AM
:

90일 목표 되새기기

90일 목표를 위해 오늘 해야 할 일

하루의 총평

PM
:

DAY 19

/ /

AM
:

PM
:

90일 목표 되새기기

90일 목표를 위해 오늘 해야 할 일

하루의 총평

DAY 72

/ /

AM
:

PM
:

90일 목표 되새기기

90일 목표를 위해 오늘 해야 할 일

하루의 총평

DAY 20

/   /

AM
:

90일 목표 되새기기

90일 목표를 위해 오늘 해야 할 일

PM
:

하루의 총평

DAY 71

/   /

AM
:

90일 목표 되새기기

90일 목표를 위해 오늘 해야 할 일

PM
:

하루의 총평

DAY 21

/ /

AM
:

90일 목표 되새기기

90일 목표를 위해 오늘 해야 할 일

PM
:

하루의 총평

DAY 70

/ /

AM
:

90일 목표 되새기기

90일 목표를 위해 오늘 해야 할 일

PM
:

하루의 총평

/ /		**90일 목표 되새기기**
	AM :	**90일 목표를 위해 오늘 해야 할 일**
DAY 22		
	PM :	**하루의 총평**
/ /		**90일 목표 되새기기**
	AM :	**90일 목표를 위해 오늘 해야 할 일**
DAY 69		
	PM :	**하루의 총평**

DAY
23

/   /

AM
:

PM
:

90일 목표 되새기기

90일 목표를 위해 오늘 해야 할 일

하루의 총평

DAY
68

/   /

AM
:

PM
:

90일 목표 되새기기

90일 목표를 위해 오늘 해야 할 일

하루의 총평

DAY 24

/　/

90일 목표 되새기기

AM
:

90일 목표를 위해 오늘 해야 할 일

하루의 총평

PM
:

DAY 67

/　/

90일 목표 되새기기

AM
:

90일 목표를 위해 오늘 해야 할 일

하루의 총평

PM
:

/ /		90일 목표 되새기기
	AM :	90일 목표를 위해 오늘 해야 할 일
DAY 25		
	PM :	하루의 총평
/ /		90일 목표 되새기기
	AM :	90일 목표를 위해 오늘 해야 할 일
DAY 66		
	PM :	하루의 총평

/ /		**90일 목표 되새기기**
	AM :	**90일 목표를 위해 오늘 해야 할 일**
DAY **26**		
	PM :	**하루의 총평**
/ /		**90일 목표 되새기기**
	AM :	**90일 목표를 위해 오늘 해야 할 일**
DAY **65**		
	PM :	**하루의 총평**

/ /

DAY
27

AM
:

90일 목표 되새기기

90일 목표를 위해 오늘 해야 할 일

PM
:

하루의 총평

/ /

DAY
64

AM
:

90일 목표 되새기기

90일 목표를 위해 오늘 해야 할 일

PM
:

하루의 총평

DAY 28

90일 목표 되새기기

AM
:

90일 목표를 위해 오늘 해야 할 일

하루의 총평

PM
:

DAY 63

90일 목표 되새기기

AM
:

90일 목표를 위해 오늘 해야 할 일

하루의 총평

PM
:

DAY 29

/ /

90일 목표 되새기기

AM
:

90일 목표를 위해 오늘 해야 할 일

PM
:

하루의 총평

DAY 62

/ /

90일 목표 되새기기

AM
:

90일 목표를 위해 오늘 해야 할 일

PM
:

하루의 총평

/ /		**90일 목표 되새기기**
	AM :	**90일 목표를 위해 오늘 해야 할 일**
DAY **30**	PM :	**하루의 총평**
/ /		**90일 목표 되새기기**
	AM :	**90일 목표를 위해 오늘 해야 할 일**
DAY **61**	PM :	**하루의 총평**

		90일 목표 되새기기
/ /		
	AM	90일 목표를 위해 오늘 해야 할 일
DAY 31	:	
	PM	하루의 총평
	:	

		90일 목표 되새기기
/ /		
	AM	90일 목표를 위해 오늘 해야 할 일
DAY 60	:	
	PM	하루의 총평
	:	

DAY 32

/ /

90일 목표 되새기기

AM
:

90일 목표를 위해 오늘 해야 할 일

PM
:

하루의 총평

DAY 59

/ /

90일 목표 되새기기

AM
:

90일 목표를 위해 오늘 해야 할 일

PM
:

하루의 총평

		90일 목표 되새기기
/ /		
	AM :	90일 목표를 위해 오늘 해야 할 일
DAY 33		
	PM :	하루의 총평
/ /		90일 목표 되새기기
	AM :	90일 목표를 위해 오늘 해야 할 일
DAY 58		
	PM :	하루의 총평

DAY 34

/ /

AM :

90일 목표 되새기기

90일 목표를 위해 오늘 해야 할 일

PM :

하루의 총평

DAY 57

/ /

AM :

90일 목표 되새기기

90일 목표를 위해 오늘 해야 할 일

PM :

하루의 총평

DAY 35

/ /

AM
:

PM
:

90일 목표 되새기기

90일 목표를 위해 오늘 해야 할 일

하루의 총평

DAY 56

/ /

AM
:

PM
:

90일 목표 되새기기

90일 목표를 위해 오늘 해야 할 일

하루의 총평

DAY 36

/　/

90일 목표 되새기기

AM
:

90일 목표를 위해 오늘 해야 할 일

PM
:

하루의 총평

DAY 55

/　/

90일 목표 되새기기

AM
:

90일 목표를 위해 오늘 해야 할 일

PM
:

하루의 총평

DAY **37**	/ /	AM :	90일 목표 되새기기
			90일 목표를 위해 오늘 해야 할 일
		PM :	하루의 총평
DAY **54**	/ /	AM :	90일 목표 되새기기
			90일 목표를 위해 오늘 해야 할 일
		PM :	하루의 총평

DAY 38

AM :

90일 목표 되새기기

90일 목표를 위해 오늘 해야 할 일

PM :

하루의 총평

DAY 53

AM :

90일 목표 되새기기

90일 목표를 위해 오늘 해야 할 일

PM :

하루의 총평

/ /		90일 목표 되새기기
	AM :	90일 목표를 위해 오늘 해야 할 일
DAY **39**		
	PM :	하루의 총평
/ /		90일 목표 되새기기
	AM :	90일 목표를 위해 오늘 해야 할 일
DAY **52**		
	PM :	하루의 총평

DAY 40

/ /

AM
:

90일 목표 되새기기

90일 목표를 위해 오늘 해야 할 일

PM
:

하루의 총평

DAY 51

/ /

AM
:

90일 목표 되새기기

90일 목표를 위해 오늘 해야 할 일

PM
:

하루의 총평

/ /		**90일 목표 되새기기**
	AM :	**90일 목표를 위해 오늘 해야 할 일**
DAY 41		
	PM :	**하루의 총평**
/ /		**90일 목표 되새기기**
	AM :	**90일 목표를 위해 오늘 해야 할 일**
DAY 50		
	PM :	**하루의 총평**

/ /		**90일 목표 되새기기**
	AM :	**90일 목표를 위해 오늘 해야 할 일**
DAY **42**		
	PM :	**하루의 총평**
/ /		**90일 목표 되새기기**
	AM :	**90일 목표를 위해 오늘 해야 할 일**
DAY **49**		
	PM :	**하루의 총평**

/ /		**90일 목표 되새기기**
	AM :	**90일 목표를 위해 오늘 해야 할 일**
DAY **43**		
	PM :	**하루의 총평**
/ /		**90일 목표 되새기기**
	AM :	**90일 목표를 위해 오늘 해야 할 일**
DAY **48**		
	PM :	**하루의 총평**

DAY

44

/ /

AM
:

PM
:

90일 목표 되새기기

90일 목표를 위해 오늘 해야 할 일

하루의 총평

DAY

47

/ /

AM
:

PM
:

90일 목표 되새기기

90일 목표를 위해 오늘 해야 할 일

하루의 총평

DAY 45

/ /

AM
:

PM
:

90일 목표 되새기기

90일 목표를 위해 오늘 해야 할 일

하루의 총평

DAY 46

/ /

AM
:

PM
:

90일 목표 되새기기

90일 목표를 위해 오늘 해야 할 일

하루의 총평

매일 기록하며
다시 태어난 내 몸과 마음

자기소개

⌐, 안녕하세요, 제 이름은 김도희입니다. 올해 4월에 뉴질랜드 워
  킹 홀리데이를 다녀온 뒤, 쉬면서 운동도 하고 여행도 다니고 책
  도 읽고 바리스타 자격증 공부도 하면서 지냈습니다. 현재는 일
  자리를 구해서 다음 주부터 일을 할 계획입니다.

90일 챌린지에 참여한 사연

⌐, 코스모지나 님 유튜브와 인스타그램을 보면서 항상 동기를 부
  여받고 있습니다. 항상 코스모지나 님이 진행하는 여러 프로그
  램에 도전해보고 싶었지만 일이 바쁘다는 핑계와 꾸준히 할 자
  신이 없어서 미루다가, 더도 말고 덜도 말고 딱 90일이니 해보자

라는 생각으로 참여하게 됐습니다.

제 목표는 체지방을 5킬로그램 빼고, 근육을 2킬로그램 늘려서 총 3킬로그램을 감량하는 것이었습니다. 요즘 재미있게 하는 필라테스를 하면 90일 동안 지치지 않고 잘할 수 있겠다고 생각해 다이어트를 목표로 삼았습니다.

90일 챌린지에 참여하고 느끼는 가장 큰 변화

90일간 빼먹지 않고 과정을 기록하려 노력했습니다. 그러다 보니 눈뜨면 '운동부터 해야 해'라는 압박 아닌 압박을 받더라고요, 하하. 만약 운동을 못하는 경우에는 최대한 많이 걸으려고 노력했어요. 그렇게 적어도 주 5회 이상은 운동을 했습니다. 보통 하루의 마지막에 카페에 들어가 글을 적는데, '운동 완료 / 걷기 완료 / 물 마시기 완료' 이렇게 세 가지 할 일을 모두 완료했다고 적을 때의 뿌듯함은 이루 말할 수 없습니다.

앞으로의 목표

앞으로도 꾸준히 운동을 해나가려고 합니다. 그럴 수 있도록 코스모지나 님이 동기 부여되는 말들을 자주자주 해주셨으면 좋겠어요!

김도희 님의 90일 챌린지 목표

목표		3킬로그램 빼기(체지방 -5킬로그램, 근육 +2킬로그램)
구체화	목표를 이뤄야 하는 **이유**	운동할 때 예쁜 운동복(브라탑, 탱크탑)을 입고 운동하기 위해
	목표를 이루기 위한 **수단**	- 운동(필라테스 / 홈트 / 5,000걸음 걷기) - 물 1리터 이상 마시기
	목표 달성 기간의 **세분화**	처음 1개월은 주 5일 이상 꾸준히 운동하기 그 후에는 체지방 줄이고 근육 늘리는 데 집중하기
	목표를 수치화하는 **목표치**	- 운동 후에 전신 사진을 찍어 바디 체크하기(탱크탑 입고), - 한 달에 한 번 인바디 체크해서 근육량, 체지방량 확인하기

Before	After
- 운동은 오후에 하면 약속이 생길지도 모르고 더 하기 싫어지니까, 무조건 눈뜨자마자 공복으로 홈트 or 필라테스하자. - 필라테스를 가면 기본 4,000걸음 이상 걷게 되니 나머지는 집 주변을 산책하면서 5,000걸음을 채우자. - 물은 잘 찾아 먹지 않으니까 미리 2병을 식탁 위에 놓고 눈뜨자마자, 운동 전후, 식사 전, 자기 전 이렇게 다 마시자.	**지금 기대하는 모습** - 브라탑만 입고 필라테스 기구 운동할 때, 전신거울에 보이는 내 복근과 근육으로 다부진 팔뚝 - 전신 사진을 찍었을 때 잘록한 옆구리와 복근, 브라탑만 입었지만 당당한 나 자신

90일 뒤의 나의 모습

[90일 챌린지] 10월 22일 Day 87
글쓰니 20.10.23. 조회 12

[90일 챌린지] 10월 21일 Day 86
글쓰니 20.10.23. 조회 1

[90일 챌린지] 10월 20일 Day 85
글쓰니 20.10.23. 조회 7

[90일 챌린지] 10월 19일 Day 84
글쓰니 20.10.20. 조회 8

[90일 챌린지] 10월 18일 Day 83
글쓰니 20.10.18. 조회 8

20 / 07 / 26		**90일 목표 되새기기**
		3킬로그램 빼기(체지방 -5킬로그램, 근육 +2킬로그램)
	AM 08:00	**90일 목표를 위해 오늘 해야 할 일**
		- 30분 이상 홈트 하기
		- 5,000걸음 이상 걷기
DAY **1**		- 물 1리터 마시기
	PM 09:00	**하루의 총평**
		- 아침에 홈트 완료
		- 6,054걸음 완료
		- 물 1리터 마시기 완료
20 / 10 / 25		**90일 목표 되새기기**
		3킬로그램 빼기(체지방 -5킬로그램, 근육 +2킬로그램)
	AM 07:00	**90일 목표를 위해 오늘 해야 할 일**
		- 30분 이상 홈트 or 필라테스 하기
		- 5,000걸음 이상 걷기
DAY **90**		- 물 1리터 마시기
	PM 10:00	**하루의 총평**
		- 필라테스 완료
		- 8,347걸음 완료 / 5.7킬로미터 / 6층
		- 물 1리터 마시기 완료

90일 뒤
놀랍게 변화한 당신에게

●

2011년 12월 31일, 나는 스페인 바르셀로나에서 새해를 맞이했다. 당시 한 게스트하우스에 묵고 있었는데, 주인 언니가 스페인의 새해맞이 풍습이 있다면서 청포도 12알을 컵에다 담아줬다.

스페인에서는 한 해의 마지막 날 밤 마드리드 푸에르타 델 솔 광장의 시계가 종을 친다고 한다(한국으로 치자면 '제야의 종'). 그 종은 총 12번 울리는데, 가족 모두가 이 종소리에 맞춰 청포도 12알을 먹고 새해 소원을 비는 게 스페인의 풍습이라는 것이다.

그날 나는 함께 묵었던 사람들과 같이 소원을 빌었다. 사실 어떤 소원을 빌었는지 기억나진 않는다. 그리고 과연 내가

12가지 소원을 모두 빌었을지도 의문이다. 대부분의 사람들은 순간적으로 12가지 소원을 만들지 못하기에(허허).

이 이야기를 꺼낸 이유가 있다. 우리는 새로운 한 해가 시작될 때마다 새로운 다짐을 한다. 하지만 살다 보면 어제가 오늘 같고 오늘이 내일 같은 비슷한 하루하루를 살게 된다. 작년 12월 31일 어떤 소원을 빌었는지 기억도 못한 채 말이다.

이 다이어리북이 여러분께 인생의 목표를 계속 상기시켜주는 리마인더Reminder의 역할을 했으면 한다. 또 문득 이 책을 들춰 봤을 때, 스스로 적어둔 90일간의 기록을 보고 뿌듯해 했으면 좋겠다. 그런 의미에서 이 책이 여러분의 삶에 오래오래 함께할 수 있기를 바란다.

10년 전의 내 소원을 기록한 덕분에 지금 내가 이렇게 책을 출간할 수 있게 된 것처럼 이 다이어리에 적은 모든 소원이 이루어지기를 진심으로 바란다, 진심으로.

모두가 힘들었던 2020년을 보내며,
코스모지나(성진아) 드림